Erdbeeren

Doris Wieke (Hrsg.)

Erdbeeren

Die besten Rezepte

Der Text dieses Buches entspricht den Regeln der neuen deutschen Rechtschreibung.

Layout: Christa Gramm PräsentationsDesign, Wiesbaden
Fotos: Archiv /Klaus Arras: S. 11 o, 21, 26, 72, 79 /M. Brauner: S. 37, 39, 40, 42, 49, 52 /H. J. Döbbelin: S. 48 /Gerlach: S. 6 /Harms: S. 12/13, 23, 59, 68/69, 78 /U. Kopp: S. 7, 8 u, 14, 17, 38, 50, 63, 66, 67 /Schwarz: S. 57, 73 /Studio R. Schmitz: S. 35 /TLC: S. 8 o, 11 u, 15, 18, 20, 31, 33, 34, 41, 43, 45, 47, 51, 53, 54/55, 56, 60, 62, 64, 70, 74, 75, 77 /M. Wissing: S. 16, 19; **Uncle Ben's:** S. 24/25, 30; **Union, Dt. Lebensmittelwerke:** S. 27, 29, 61, 71; **Ketchum GmbH:** S. 5, 26, 32, 58
Verlag und Herausgeberin danken den angegebenen Firmen für die freundliche Unterstützung bei der Entstehung dieses Buches.
Bildredaktion: Marlene Daniel
Redaktion und Satz: wieketext, Wiesbaden

817 2635 4453 6271
1108601X03 02 01

Inhaltsverzeichnis

Vorwort

Die Erdbeere gehört zu den beliebtesten Früchten, obwohl sie eigentlich gar keine Frucht ist. Sie zählt, streng botanisch genommen, zu den Scheinfrüchten. Was wir im Allgemeinen als Frucht ansehen, ist nur der Blütenboden, auf dessen Außenseite die eigentlichen Früchte, die winzigen, leicht eingesenkten Samen, sitzen.

Die Erdbeere ist mehr als ein wohlschmeckendes Obst, das man mit Zucker bestreut essen kann. Die kleine prall-rote Frucht hat Vergangenheit und – weil sie schmeckt und sehr gesund ist – wohl auch eine Zukunft.

Heutzutage bekommt man im Handel das ganze Jahr über Erdbeeren aus den verschiedensten Ländern. Man ist also in der Lage, sich zu jeder Jahreszeit leckere Gerichte aus ihr und mit ihr zuzubereiten. Die vielfältigen Möglichkeiten reichen vom Müsli am Morgen bis zum Drink am Abend. Ob nun ein warmes Gericht zum Mittag oder ein leckerer Kuchen, ein Dessert oder eine Bowle – Erdbeeren sind immer ein Genuss. Es gibt traditionelle Rezepte, die allgemein bekannt sind, doch zwischen Erdbeermilch und Erdbeerkuchen gibt es noch einiges mehr.

Auf den folgenden Seiten finden Sie klassische, aber auch ausgefallene Rezeptvorschläge, von denen einige Sie ganz bestimmt begeistern werden. Beginnen Sie den Tag zum Beispiel mit einem gesunden Erdbeermüsli oder legen Sie mittags eine kleine Pause mit Brie auf pfeffrigen Erdbeeren ein. Naschen Sie zum Kaffee ruhig einmal ein Stück Mandel-Erdbeer-Kuchen und erfrischen Sie sich mit einem Erdbeer-Orangen-Shake.

Viel Spaß und Guten Appetit!

Wissenswertes über die Erdbeere

Herkunft

Schon die Römer frönten dem Genuss der kleinen roten Beeren. Die Germanen brachten die Erdbeere den Göttern zum Opfer dar, im Mittelalter galt sie als Speise der Seeligen.
Die Erdbeere, botanisch Fragaria, umfasst mehrere Arten. Die kleinfruchtigen Kultur-Erdbeeren stammen von der kleinen Wald-Erdbeere ab. Die zahlreichen großfruchtigen Sorten, oft als Ananas-Erdbeeren bezeichnet, sind Kreuzungsergebnisse der Sorten Fragaria chiloënisiaus (Chile, Süd- und Nordamerika) und Fragaria virginiana (nordamerikanische Ostküste). Die beiden Sorten wurden im 18. Jahrhundert in Frankreich zufällig gekreuzt. Inzwischen haben sich daraus viele Sorten entwickelt, die in ganz unterschiedlichen Landschaften und Klimagebieten gut gedeihen.

Man unterteilt die Kultur-Erdbeeren in einmal tragende (Ernte nur im Frühsommer) und immer tragende Sorten (Ernte vom Frühjahr bis zum ersten Frost). Die einmal tragenden Sorten haben für den Markt die größere Bedeutung. In Deutschland werden seit 1840 Erdbeeren erwerbsmäßig angebaut.

Klein aber oho

Man stelle sich vor: 53 500 Tonnen der süßen Frucht werden jährlich allein in Deutschland verzehrt; nur der Apfel ist beliebter. Form und Größe der über 1 000 Sorten sind sehr unterschiedlich, und die Farbenvielfalt reicht von hell- bis dunkelrot. Je kleiner die Früchte sind, desto süßer und aromatischer schmecken sie. Das kräftigste Aroma besitzen die wild wachsenden Wald-Erdbeeren.

Das Aroma der Erdbeere ist sehr beliebt, daher gibt es zahlreiche Produkte, die mit der Aufschrift »Erdbeere« ihre Käufer locken, zum Beispiel Erdbeerquark, Erdbeerkaugummis, Erdbeereis, Erdbeersaft, -sirup, -nektar ... Die Erdbeer-Welternte würde jedoch bei weitem nicht ausreichen, um alle entsprechenden Produkte mithilfe frischer Erdbeeren zu aromatisieren. Die Industrie nutzt daher in der Regel ein künstliches Aroma. Den Wissenschaftlern ist es jedoch bisher noch nicht gelungen, das Erdbeeraroma optimal nachzuahmen. Die Beeren verfügen zwar über 300 verschiedene Aromastoffe, nicht aber über einzelne charakteristische Aromakomponenten.

Erdbeeren sind mineralstoff- und vitaminreich. Sie haben zum Beispiel mehr Vitamin C als Orangen und Zitronen. Schon acht Erdbeeren decken unseren Tagesbedarf.

■ 100 g Erdbeeren enthalten:

Energie:	36 kcal (150 kJ)
Protein:	0,8 g
Fruchtsäure:	1 g
Kohlenhydrate:	7 g
Vitamine:	A, B1, B2, Niacin,C
Mineralstoffe:	Natrium, Kalium, Kalzium, Phosphor, Eisen

Die Erdbeere ist dazu noch völlig fett- und cholesterinfrei und eignet sich daher sehr gut für die gesunde Ernährung und für Diäten.

Erdbeeren machen fit und froh

Vitamine und Mineralstoffe machen die Erdbeere wirklich wertvoll für unsere Ernährung und damit für unser Wohlbefinden. Eine Erdbeerkur, 2 Tage an denen ausschließlich Erdbeeren gegessen werden (etwa 2 kg pro Tag), soll – glaubt man Kneipp – bei Gelenkrheumatismus, Gicht, Nierenleiden und Kreislaufstörungen Besserung bringen. Solche Obsttage sind natürlich auch gut geeignet, um ein paar überflüssige Pfunde loszuwerden.

Erdbeerblätter werden als Tee, allein oder auch mit anderen Kräutern zusammen, zur Behandlung von Verdauungsbeschwerden angewandt. Sogar in der Kosmetik findet die Erdbeere Verwendung. Die Gesichtsmaske – Erdbeeren einfach zerquetscht oder mit Milch verrührt – wird zur Pflege blasser, junger Haut und zur Entfernung von Sommersprossen empfohlen.

Auch als Aphrodisiakum hat die Erdbeere einen Ruf. Wer kennt nicht Villons begeisterten Ausruf »Ich bin so wild auf deinen Erdbeermund«. Und Goethe machte sich ein besonderes Vergnügen daraus, Frau von Stein frische Erdbeeren aus seinem Garten zu senden, selten ohne eine erotische Anspielung dazuzuschreiben. »Die Erdbeeren in meinem Garten sind schneller als die Rosen. Hier, meine Beste, schick ich die Ersten«, schrieb er am 1. Juni 1781, um sich bei dieser Gelegenheit gleich selbst einzuladen: »Ich wünsche, dieses Mittag bei dir zu essen!« Und zwei Wochen später konnte Frau von Stein von Goethes Hand lesen: »Hier Erdbeeren, so viel dieser Morgen gibt, und einige Rosen ... Lebe wohl und lieb mich!«

Saison

Die Erdbeersaison liegt in Deutschland zwischen April und Juli; Hochzeit ist der Juni. In dieser Zeit haben die Beeren das beste Aroma, vorausgesetzt es gibt genügend Sonne. Früchte, die man außerhalb der Saison kaufen kann, kommen zum größten Teil aus Übersee (USA, Mexiko, Israel, Neuseeland etc.). Importierte Früchte sind jedoch teuer und durch den Transport häufig nicht so gut im Aroma.

Einkauf

Es ist ja allgemein bekannt: Jedes Gericht ist nur so gut wie seine Zutaten. Gerade bei einer so leicht verderblichen Frucht wie der Erdbeere ist es wichtig, dass man gute Qualität erwirbt. Beim Kauf von Erdbeeren sollten Sie immer auf folgende Punkte achten:

- Die Früchte müssen immer rot, trocken und fest sein.
- Stiel und Kelch müssen sich noch an den Beeren befinden.
- Lassen Sie Schälchen mit matschigen oder gar fauligen Früchten stehen.
- Kaufen Sie besser kleine und mittlere Beeren, große Früchte haben oft wenig Aroma.
- Transportieren Sie die Beeren nicht in der Tüte, sondern besser in einem flachen Korb.

Alternative: Am besten ist es natürlich, wenn man die Erdbeeren direkt bei einem Obstbauern einkauft oder dort selbst pflückt. Essen kann man dabei, so viel man will, bezahlen muss man nur das, was man mitnimmt. Die Sache hat zwei Vorteile: man spart Geld und hat gleichzeitig Bewegung an der frischen Luft.

Lagerung

Erdbeeren halten sich leider nicht sehr lange, darum sollten sie immer nur kurze Zeit (ein bis zwei Tage) an einem kühlen Ort gelagert werden, zum Beispiel im Kühlschrank oder im Keller. Lagern die Beeren übereinander oder werden sie sogar gedrückt, werden sie matschig.

Will man die Beeren für längere Zeit aufbewahren, gibt es verschiedene Möglichkeiten. Eine ist zum Beispiel das Einfrieren. Erdbeeren, Obst überhaupt, sollte niemals feucht eingefroren werden, sonst wird es beim Auftauen matschig. Die Erdbeeren also ungeputzt und ungewaschen einfrieren oder, wenn gewaschen und geputzt wurde, vor dem Einfrieren gut trocknen. Empfehlenswert ist es, die Früchte zuerst auf einem Brett oder Teller locker nebeneinander liegend schockzufrosten und erst danach in einen Gefrierbeutel oder in eine Dose zu füllen.

Haltbarmachen der Erdbeeren

Das Einfrieren der Früchte kann zu Qualitätsverlusten führen, daher ist es sinnvoll, die Erdbeeren auf andere Weise haltbar zu machen. Sie sind dann zwar nicht frisch, aber man hat trotzdem lange den Genuss und keine Beere muss weggeworfen werden. Alternativen sind:

- Trocknen – die Früchte bleiben wesentlich geschmacksintensiver als beim Einfrieren. Man schneidet die Beeren in Scheiben und trocknet sie dann auf einem Dörrgerät oder im Backofen.
- Pürieren – das Püree eignet sich gut zum Einfrieren. Man kann es auf vielfältigste Weise nutzen, zum Beispiel für Milchmischgetränke, Quark, Desserts, Kuchen, Drinks ... Dem Püree sollte immer etwas Puderzucker zugefügt werden, das verbessert die Konsistenz. Ein Beispiel: 800 g frische Erdbeeren und 4 EL (20 g) Puderzucker. Die Erdbeeren waschen, putzen, vierteln, dazu den Puderzucker geben und alles mit einem Pürierstab oder im Mixer fein pürieren. Auf den folgenden Seiten finden Sie sehr viele Rezepte, bei denen Erdbeerpüree verwendet wird.
- Einkochen – das Verfahren Obst und Gemüse heiß abzufüllen und dadurch sehr lange haltbar zu machen, hat Tradition. Zum einen kann man die Erdbeeren als Schmorobst einwecken, das im Winter gut zum Pudding oder Grießgerichten gegessen werden kann. Zum anderen kann man die Beeren auch als Konfitüre, Marmelade oder Gelee haltbar machen. So hat man das ganze Jahr über etwas für das Frühstücksbrötchen.

Küchentipps

Für den richtigen Umgang mit der Erdbeere in der Küche sollten Sie den folgenden Verhaltenskodex beachten.

- Reinigen Sie die Früchte nicht unter einem Wasserstrahl, sondern legen Sie sie vorsichtig in kaltes Wasser.
- Erdbeeren sollten niemals vor dem Waschen geputzt werden, da sie sonst im Wasser Saft und Aroma verlieren.

■ Waschen und putzen Sie die Beeren immer erst kurz vor dem Verzehr oder dem Anrichten.
■ Verwendet man Erdbeeren für ein Gericht, sollten sie immer trocken sein, damit der Geschmack nicht verwässert, zum Beispiel bei Fruchtpürees oder in Cremes. Reicht die Zeit nicht aus, um die Früchte an der Luft trocknen zu lassen, kann man sie auch mithilfe von Küchenpapier trockentupfen.
■ Erdbeeren sollten niemals schnell, etwa auf der Heizung oder in heißem Wasser, aufgetaut werden; sie werden sonst sofort matschig und sind nicht mehr zu verwenden. Bei Zimmertemperatur brauchen die Beeren etwa 4 bis 5 Stunden, um aufzutauen.

Erdbeeren – wozu und womit?

Es soll ja Puristen geben, die diese kleinen leckeren Dinger nur so essen, wie sie von der Pflanze kommen. Aber angesichts der vielen köstlichen Möglichkeiten, die es gibt, um die Beeren zu verarbeiten, ist es schon eine kleine Unterlassungssünde.
■ Erdbeeren wozu:
zu Milchprodukten wie Quark, Joghurt oder Sahne, zu Müslis, verschiedenen Gebäckprodukten wie Brötchen, Toast etc., als Kuchenfüllung und -auflage, als Beilage für Mehl-, Grieß- und Puddingspeisen, auch zu Käse, Geflügelfleisch oder -leber u. Ä., für Getränke mit und ohne Alkohol, zur Garnierung.
■ Erdbeeren womit:
mit Mandeln, Pistazien, Krokantsplittern, mit Limetten- und Orangensaft oder Maraschino, Portwein, Likör u. Ä., mit Rhabarber, Orangen, Kiwis, Nektarinen und Ananas, Eis und Vanillesauce usw.

Abkürzungen und Temperaturhinweis

TL	=	Teelöffel
EL	=	Esslöffel
Msp.	=	Messerspitze
Pr.	=	Prise
l	=	Liter
ml	=	Milliliter
cl	=	Zentiliter
g	=	Gramm
kg	=	Kilogramm
ca.	=	circa
°C	=	Grad Celsius
i.Tr.	=	in der Trockenmasse
TK	=	Tiefkühlprodukt

■ Die Backofentemperaturen beziehen sich auf den Elektroherd mit Ober- und Unterhitze. Wenn Sie mit Umlauft arbeiten, reduzieren Sie die Temperatur um 15–20%. Die Backzeit bleibt jedoch gleich. Die Umrechnung von °C-Angaben auf Temperaturstufen bei Gasherden entnehmen Sie bitte der Beschreibung des Geräteherstellers.

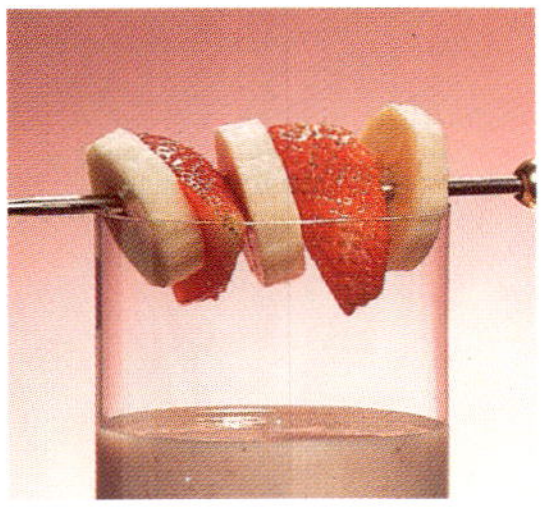

Nichts ist besser geeignet, um gut in den Tag zu kommen, als ein Frühstück, das schmeckt und gesund ist. Auf den nächsten Seiten finden Sie einige leckere Muntermacher aus und mit der Erdbeere.

Frühstücksvariationen

Erdbeersandwiches

Zutaten

- 75 g frische Erdbeeren
- 1 EL Zucker
- 1 Pr. Vanillinzucker
- etwas Erdbeerlikör
- 1–2 EL Haferflocken
- 1–2 EL Mandelblättchen
- 1 Ei
- 1 Schuss Milch
- 1/4 TL Speisestärke
- 4 Scheiben Toastbrot
- Butter oder Margarine

1. Erdbeeren waschen, putzen, in Würfel schneiden und in eine Schüssel geben.

2. Die Beeren mit dem Zucker, dem Vanillinzucker und dem Erdbeerlikör aromatisieren und 2 bis 3 Minuten ziehen lassen. Anschließend die Haferflocken und die Mandelblättchen darunter mischen.

3. Das Ei mit der Milch verschlagen und die Speisestärke darunter mischen. Das Ganze gleichmäßig unter die Erdbeeren heben.

4. Die Toastscheiben mit Butter oder Margarine bestreichen, die Masse gleichmäßig darauf verteilen, zusammenklappen und im Sandwich-Toaster 3 bis 4 Minuten garen. Herausnehmen, diagonal halbieren und anrichten.

- *Für 2 Person*

Zubereitungszeit: ca. 6 Minuten

Erdbeertoast

Zutaten

- 125 g frische Erdbeeren
- 75 g Quark
- 1 TL Crème fraîche
- etwas Zucker
- 2 Scheiben Vollkorntoast
- 1 TL Schokostreusel

1. Die Erdbeeren waschen, abzupfen und in Scheiben schneiden.

2. Den Quark mit der Crème fraîche und dem Zucker gut verrühren.

3. Die Toastscheiben im Toaster bräunen, leicht abkühlen lassen und dann mit der Quarkmasse bestreichen. Die Erdbeeren darauf verteilen und zum Schluss mit den Schokostreuseln bestreuen.
(auf dem Foto oben)

- *Für 1 Person*

Zubereitungszeit: ca. 15 Minuten.

Maisfladen mit Erdbeerbutter

Zutaten

- 150 g Weizenvollkornmehl
- 150 g feines Maismehl
- 1 TL Backpulver
- 1 Pr. Meersalz
- 1 Tasse Joghurt
- ½ Tasse Honig
- 2 Eier
- 4 EL Öl
- 250 g Erdbeeren
- 1 Zitrone
- 150 g Butter
- 2 Päckchen Vanillinzucker

1. Das Mehl mit dem Backpulver und dem Meersalz in einer Schüssel gründlich mischen.

2. Den Joghurt, den Honig, die Eier und das Öl dazugeben und zu einem glatten Teig verarbeiten.

3. Den Teig zu dünnen Fladen ausrollen, in eine bemehlte Springform oder Pizzaform legen und im Ofen bei etwa 200 °C etwa 10 Minuten backen.

4. In der Zwischenzeit die Erdbeeren waschen, putzen und pürieren. Die Zitrone auspressen und dazugeben.

5. Anschließend die Butter mit einem Handrührgerät schaumig schlagen.

6. Nun die Erdbeeren zu der Butter geben und mit Vanillinzucker süßen.

7. Mit dem Schneebesen kräftig verschlagen und im Kühlschrank erstarren lassen. Die Maisfladen mit der Erdbeerbutter servieren.

■ *Für 4 Personen*
Zubereitungszeit: ca. 30 Minuten.

Tipp

Vollwertmehle sollten nicht zu lange gelagert werden, da sie durch den Fettanteil nach einigen Wochen ranzig schmecken können und zudem an Nährwert verlieren.

Erdbeer-Bananen-Müsli

Zutaten

- ½ Banane
- 125 g frische Erdbeeren
- 100 g Magerquark
- ca. 3 EL Milch
- etwas Zucker
- 4 EL Cornflakes

1. Die Banane schälen, dann die Erdbeeren waschen und putzen. Das Obst anschließend in Scheiben schneiden.

2. Nun den Quark mit der Milch verrühren und mit etwas Zucker abschmecken.

3. Den Quark mit dem Obst vermengen und alles mit Cornflakes bestreuen.

Für 1 Person
Zubereitungszeit: ca. 15 Minuten

Variation

Wenn Sie diese einfachen Cornflakes nicht mögen, können Sie auch ohne weiteres die im Handel erhältlichen Schoko- oder Apfel-Zimt-Flakes über das Obst geben.

Tipp

Müslis und Cornflakes müssen immer gut verschlossen aufbewahrt werden, sonst verlieren sie schnell Geschmack und Biss.

Beeren-Haferflocken-Müsli

Zutaten

- 125 g Quark
- ca. 3 EL Milch
- 5 EL Vollkornhaferflocken
- 1 Vanilleschote
- 100 g frische Beeren: Erdbeeren, Himbeeren
- 2 EL kalt geschleuderter Waldhonig
- 1 EL gehackte Pistazien

1. Den Quark mit der Milch gut verrühren, dann die Haferflocken unterziehen und kurz quellen lassen.

2. Die Vanilleschote vierteln, das Mark mit einem Messer herauskratzen und unter den vorbereiteten Quark mischen.

3. Nach dem Waschen und Putzen der Beeren die Hälfte pürieren und mit dem Honig unter das Müsli rühren.

4. Die restlichen Beeren auf dem Müsli verteilen und mit den gehackten Pistazien bestreuen.

■ *Für 1 Person*
Zubereitungszeit: ca. 10 Minuten

Variationen

Anstelle der Haferflocken können Sie auch Gersten-, Weizen-, Reis- oder andere Getreideflocken verwenden. Diese sollten – je nach Sorte – bis zu 30 Minuten in der Milch einweichen. Die gehackten Pistazien können durch Nüsse ersetzt werden.

Marinierte Erdbeeren mit Sahnedickmilch

Zutaten

- 200 g Erdbeeren
- 2 EL Ahornsirup
- 1 Nektarine
- 100 g Sahnedickmilch

1. Die Erdbeeren waschen, putzen, vierteln, mit dem Ahornsirup beträufeln und etwa 5 Minuten ziehen lassen.

2. Inzwischen die Nektarine waschen, halbieren, den Stein entfernen, in kleine Würfel schneiden und zu den Erdbeeren geben.

3. Die Sahnedickmilch mit dem Schneebesen schaumig schlagen und dann sorgfältig unter das Obst ziehen.

Für 1 Person
Zubereitungszeit: ca. 10 Minuten

Tipp

Der Mineralstoff Kalzium ist wichtig für den Aufbau und die Erhaltung von Zähnen und Knochen. Besonders kalziumreich sind Milch- und Milchprodukte. Planen Sie daher täglich Milch, Quark, Joghurt, Käse oder auch Kefir, in Ihrem Speiseplan ein.

Quarkspeise mit Erdbeeren

Zutaten

- 500 g Quark
- 6 EL Sahne
- 1 EL Akazienhonig
- 250 g Erdbeeren
- einige frische Pfefferminzblätter

1. Quark, Sahne und Honig gut mischen.

2. Erdbeeren putzen, waschen und etwa die Hälfte vierteln und pürieren. Anschließend unter den Quark heben.

3. Die Quarkspeise auf einen Dessertteller geben oder auf vier Schälchen verteilen und mit den restlichen Erdbeeren und den Minzeblättchen dekorieren.

■ *Für 4 Personen*
Zubereitungszeit: ca. 15 Minuten

Variation

Probieren Sie das Ganze doch einmal mit frischem, körnigen Hüttenkäse. Sie werden überrascht sein.

Erdbeer-Bananen-Milch

Zutaten

- ½ Banane
- 6 Erdbeeren
- ⅛ l Milch
- 1 TL Ahornsirup

1. Die Banane schälen und in Scheiben schneiden, zwei Scheiben zurückbehalten. Dann die Erdbeeren waschen, säubern und halbieren.

2. Die Früchte, die Milch sowie den Ahornsirup in einen Mixer geben, kräftig mischen und in ein Glas füllen.

3. Die beiden Bananenscheiben auf einen Spießer stecken und das Glas dekorieren. (auf dem Foto: links)

■ *Für 1 Person*
Zubereitungszeit: ca. 5 Minuten

Erdbeer-Mandel-Milch

Zutaten

- 5 frische Erdbeeren
- 1 EL gemahlene Mandeln
- ⅛ l Milch

1. 4 Erdbeeren waschen, putzen, halbieren und anschließend pürieren.

2. Anschließend das vorbereitete Erdbeerpüree, die Mandeln und die Milch im Glas kräftig verrühren.

3. Die einzelne Erdbeere aufschneiden und an den Glasrand stecken. (auf dem Foto: rechts)

■ *Für 1 Person*
Zubereitungszeit: ca. 5 Minuten

Erdbeerbuttermilch

Zutaten

- 50 g Erdbeeren
- 1 Orange
- 150 ml Buttermilch
- 1 – 2 EL Ananassaft (Fertigprodukt)
- 1 TL gemahlene Haselnüsse

1. Die Erdbeeren gründlich waschen, säubern und pürieren.

2. Die Orange auspressen.

3. Anschließend Erdbeerpüree, Buttermilch, Säfte und Nüsse im Mixer gut vermischen und in ein Glas geben.

■ *Für 1 Person*
Zubereitungszeit: ca. 7 Minuten

Variationen

Wenn Sie es säuerlicher lieben, können Sie den Saft der Orange durch 1 Esslöffel Zitronensaft ersetzen. Besonders lecker wird die Erdbeer-Buttermilch, wenn Sie noch etwas geschlagene Sahne und eine Erdbeere obenauf geben. Wer es eiskalt mag, der gibt 2 bis 3 Eiswürfel in die Milch.

Erdbeer-Himbeer-Milch

Zutaten

- 1/4 Vanilleschote
- 50 g Erdbeeren
- 25 g Himbeeren
- 2 – 3 Blätter Pfefferminze
- 1 El fettarmer Joghurt
- 1/2 TL Kokosraspel
- 175 ml Milch
- 1/2 – 1 TL Honig

1. Die Vanilleschote vierteln und das Mark mit einem Messer herauskratzen.

2. Die Beeren waschen und säubern; die Minzeblätter waschen und trockentupfen.

3. Beeren, Minze, Joghurt, Vanillemark und Kokosraspeln pürieren.

4. Das Püree im Mixer mit der Milch mischen, mit dem Honig nach Belieben süßen und in ein Glas geben.
(auf dem Foto oben)

■ *Für 1 Person*
Zubereitungszeit: ca. 15 Minuten

Erdbeer-Johannisbeer-Konfitüre

Zutaten

- 150 g Erdbeeren
- 150 g Johannisbeeren
- 250 g feincremiger, kalt geschleuderter Honig
- 1 TL Zitrone (unbehandelt)
- 20 g gehackte Pistazien

1. Die Beeren putzen, waschen, gut trocknen und anschließend mit dem Honig in den Mixer geben. Das Ganze 10 bis 12 Minuten pürieren.

2. Zitrone heiß abwaschen, Schale abreiben und mit den Pistazien unter das Püree mischen, dann in Gläser füllen. Die Konfitüre hält sich im Kühlschrank ungefähr 2 Monate.
(auf dem Foto: Seite 23 rechts)

■ *Für ca. 3 Gläser (à 225 ml)*
Zubereitungszeit: ca. 40 Minuten

Erdbeerkonfitüre

Zutaten

- 500 g Erdbeeren
- 500 g Gelierzucker

1. Die Erdbeeren gründlich waschen und abzupfen und anschließend mit dem Gelierzucker in den Mixer geben. Das Ganze 8 bis 10 Minuten schlagen. Der Zucker muss sich vollständig aufgelöst haben.

2. Die Konfitüre in die Gläser füllen und fest verschließen. Kühl und dunkel lagern, möglichst innerhalb eines Jahres verbrauchen.
(auf dem Foto: Seite 23 hinten)

■ *Für ca. 4 Gläser (à 225 ml)*
Zubereitungszeit: ca. 1 Stunde

Erdbeer-Renekloden-Konfitüre

Zutaten

- 500 g Renekloden
- 1 kg Gelierzucker
- 500 g Erdbeeren
- 2–3 EL Rum

1. Die Renekloden waschen, gut trocknen, halbieren und entsteinen. Dann die halben Früchte in kleine Stücke schneiden und mit dem Gelierzucker gründlich mischen. Abgedeckt über Nacht durchziehen lassen.

2. Die Erdbeeren gründlich waschen, säubern und halbieren oder vierteln.

3. Die Renekloden-Zucker-Mischung zum Kochen bringen und 4 Minuten sprudelnd kochen lassen. Die Erdbeerstücke anschließend darunter rühren und das Ganze noch einmal 1 Minute durchkochen.

4. Den Topf vom Herd nehmen, den Rum darunter rühren und die Konfitüre heiß in die Gläser füllen und sofort fest verschließen.
(auf dem Foto: Seite 23 links vorn)

■ *Für ca. 9 Gläser (à 225 ml)*
Zubereitungszeit: ca. 30 Minuten
Zeit zum Durchziehen: 10–12 Stunden

■ ■ ■ **Variation**
Die Renekloden können Sie nach Belieben durch die gleiche Menge Pfirsiche oder Ananas ersetzen.

Wenn Sie Ihren Magen einmal nicht so sehr belasten wollen oder an heißen Tagen einfach keinen Appetit auf ein üppiges Mahl haben, ersetzen Sie Ihr Mittagessen einfach durch ein leichtes Gericht oder ein leckeres Dessert.

Leichtes zum Mittag

Brie auf pfeffrigen Erdbeeren

Zutaten

- 300 g Erdbeeren
- 300 g deutscher Brie oder Edelschimmelkäse
- 100 ml weißer Portwein
- etwas schwarzer Pfeffer (Menge nach Geschmack)

1. Die Erdbeeren waschen, putzen und je nach Größe halbieren oder vierteln.

2. Den Käse in etwa 1 cm große Würfel schneiden und anschließend vorsichtig unter die Erdbeeren heben.

3. Zum Abschluss den Portwein über die Erdbeeren und die Käsewürfel gießen und das Ganze mit dem Pfeffer bestreuen.

- *Für 4 Person*

Zubereitungszeit: ca. 20 Minuten

Frittierte Garnelen mit Erdbeer-Ingwer-Sauce

1. Erdbeeren waschen, putzen und bis auf etwa 50 g vierteln, dann den Ingwer schälen und in hauchdünne Scheiben schneiden. Die Limone auspressen.

2. Pflanzenmargarine mit dem Zucker unter Rühren erhitzen bis der Zucker gelöst ist und alles eine goldgelbe Farbe annimmt. Himbeeressig, Sherry und Limonensaft angießen, Erdbeerstücke zufügen und alles zum Kochen bringen. Etwa 4 Minuten köcheln lassen.

3. Das Ganze – leicht abgekühlt – durch ein feines Sieb rühren und wieder in den Topf geben. Anschließend die Ingwerscheiben hinzufügen und nochmals etwa 3 Minuten köcheln lassen.

4. Sauce mit Zucker, Salz und Cayennepfeffer pikant abschmecken. Die restlichen Erdbeeren klein schneiden und unterheben.

5. Das Pflanzenfett in einer Fritteuse oder einem Topf auf 180 °C erhitzen.

6. Während das Fett heiß wird, Eigelb vom Eiweiß trennen und mit Mehl, Speisestärke und Eiswasser verrühren.

7. Die Garnelen mit einem Spieß zu 3/4 in den Teig tauchen und etwa 2 Minuten goldbraun ausbacken. Minze vom Bund zupfen und ebenfalls durch den Teig ziehen und frittieren.

8. Die Garnelen auf einem Teller mit der Erdbeer-Ingwer-Sauce anrichten und servieren.

Zutaten

Für die Sauce

- 300 g Erdbeeren
- 20 g frische Ingwerwurzel
- 1 Limone
- 30 g Pflanzenmargarine (z. B. Sanella)
- 2–3 EL Zucker
- 2 EL Himbeeressig
- 1/8 l Sherry
- etwas Zucker, Salz, Cayennepfeffer zum Abschmecken

Für die Garnelen

- 1 kg Pflanzenfett
- 1 Ei
- 50 g Mehl
- 50 g Speisestärke
- 100 ml Eiswasser
- 20 Garnelen (geschält)
- 1 Bund Minze

- *Für 4 Personen*

Zubereitungszeit: ca. 1 Stunde

Erdbeersalat mit Entenbrust

Zutaten

- 2 Entenbrüste à 300 g
- etwas Salz, weißer Pfeffer
- 25 g Pflanzenfett
  (z. B. Biskin spezial)
- 250 g Erdbeeren
- 1 kleiner Kopfsalat
- 50 g Rauke
- 1 kleiner Kopf Frisée-Salat
- 1 Chicorée
- 2 TL gestoßener rosa Pfeffer

Für die Marinade

- 1 EL mittelscharfer Senf
- 2 EL Portwein
- 3 EL Weißweinessig
- 6 EL Öl
- etwas Salz und weißer Pfeffer
- 1 Pr. Zucker

1. Die Entenbrüste sorgfältig waschen, trockentupfen und dann salzen und pfeffern.

2. Das Pflanzenfett in der Pfanne erhitzen und die vorbereiteten Entenbrüste darin etwa 6 Minuten braten.

3. Das fertige Entenfleisch aus der Pfanne nehmen und 10 Minuten ruhen lassen.

4. Inzwischen die Erdbeeren waschen und putzen und in Scheiben schneiden. Salat putzen und gründlich waschen und in mundgerechte Stücke zupfen.

5. Senf, Portwein, Essig und Öl kräftig miteinander verschlagen und mit Salz, Zucker und dem weißen Pfeffer pikant abschmecken.

6. Anschließend Erdbeerscheiben, Salat und Marinade vorsichtig mischen.

7. Die lauwarme Entenbrust in Scheiben schneiden, auf vier Teller verteilen, mit dem Salat anrichten und mit dem rosa Pfeffer bestreuen. Anschließend sofort servieren.

■ *Für 4 Personen*
Zubereitungszeit: ca. 30 Minuten

Tipps

Wenn Sie Entenbrust braten, legen Sie immer zuerst die Seite mit der Haut nach unten. Falls Sie tiefgefrorenes Geflügel verarbeiten, achten Sie immer darauf, dass es völlig aufgetaut ist, und entfernen Sie die Abtauflüssigkeit gründlich durch Abwaschen des Geflügelfleisches.

Variationen

Zu diesem Erdbeersalat passen natürlich auch andere Geflügelsorten, zum Beispiel Pute oder Huhn. Wenn Sie mögen, richten Sie das Ganze in einem lockeren Reisrand an. Drücken Sie mit einer kleinen Schale eine Vertiefung in eine Reisportion und geben Sie dort den Salat und das Geflügelfleisch hinein. Sehr gut eignet sich Naturreis.

Grießklöße mit Erdbeerpüree

Zutaten

- 375 ml Milch
- 3 EL Butter oder Pflanzenmargarine
- 1 TL Zitronensaft
- etwas geriebene Muskatnuss
- etwas Salz
- 125 g Grieß
- 1 Ei

Für das Püree

- 800 g frische Erdbeeren
- 4 EL Puderzucker

1. Die Milch mit 1 Esslöffel Fett, Zitronensaft, Muskatnuss und einer Prise Salz aufkochen lassen.

2. Den Topf vom Feuer nehmen und unter Rühren den Grieß langsam einrieseln lassen. Das Ganze etwa 2 Minuten aufkochen lassen, vom Herd nehmen, kurz abkühlen und das Ei hineinrühren.

3. Aus der erkaltenden Grießmasse Klöße formen und in kochendem Salzwasser bei mittlerer Hitze etwa 10 Minuten gar kochen.

4. Inzwischen die Erdbeeren waschen und putzen. Die Hälfte der Früchte pürieren und mit dem Puderzucker abschmecken.

5. Wenn die Klöße fertig sind, herausnehmen, gut abtropfen lassen und portionsweise mit dem Püree und den ganzen Früchten anrichten; sofort servieren.

6. Die Himbeeren mit dem Puderzucker pürieren und als Sauce zum Auflauf servieren.

■ *Für 4 Personen*
Zubereitungszeit: ca. 30 Minuten
Garzeit: 30–40 Minuten

■ ■ ■ **Tipp**

Eine beschichtete Pfanne hilft Fett sparen! Das macht die Pfannkuchen bekömmlicher.
Damit auch alle Pfannkuchen wirklich gut gelingen, muss die Pfanne gleichmäßig heiß bleiben. Das Fett darf jedoch nicht verbrennen!

Pfannkuchen mit Erdbeer- und Kiwipüree

Zutaten

- 350 g Weizenmehl (Type 405)
- 80 g Zucker
- 1 Pr. Salz
- 6 Eier
- 1/4 l Milch
- 1/4 l Mineralwasser
- 80 g Butter oder Margarine

Für die Pürees

- 250 g Erdbeeren
- 4–5 Kiwis
- 4 EL Puderzucker

1. Mehl, Zucker und Salz gut mit den Eiern verrühren.

2. Nach und nach Milch und Mineralwasser mit einem Handrührgerät unter die Mehlmasse geben. Dabei dürfen keine Klümpchen entstehen! Den Teig anschließend etwa 20 Minuten quellen lassen.

3. Inzwischen die Erdbeeren waschen, putzen und pürieren; die Kiwis schälen und ebenfalls pürieren. Beide Pürees mit je zwei Esslöffeln Puderzucker süßen.

4. Fett in einer Pfanne (20 cm Durchmesser) erhitzen und etwa zwei Suppenkellen voll Teig hineingeben. Den Pfannkuchen bei mittlerer Hitze goldbraun backen.

5. Den fertigen Pfannkuchen auf einem Teller anrichten: Die Innenseite mit Erdbeerpüree bestreichen, von beiden Seiten aufrollen und mit Kiwipüree umgießen. Das Ganze mit Erdbeerstücken und Kiwischeiben garnieren.

■ *Für 4 Personen*
Zubereitungszeit: ca. 1 Stunde
Quellzeit: ca. 20 Minuten

■ ■ ■ **Variation**

Wenn Sie den säuerlichen Kontrast der Fruchtpürees noch verstärken wollen, verwenden Sie statt der Kiwis Johannisbeeren.

Zutaten

Für die Füllung

- 500 g Erdbeeren
- 250 g Sauerkirschen
- 30 g Zucker
- 2 Päckchen Vanillinzucker
- 3–4 TL Puderzucker
- einige Stiele Zitronenmelisse

Für die Omeletten

- 8 Eier
- 1 Pr. Salz
- 1 Päckchen Vanillinzucker
- 3 TL Speisestärke
- 1 Päckchen Citroback
- 60 g Butterschmalz

Tipp

Die Omeletten im Backofen warm halten, bis alle fertig sind.

Schaumomeletten mit Erdbeeren und Kirschen

1. Das Obst gründlich waschen und von den Stielen und Blättern befreien. Die Erdbeeren halbieren, die Kirschen entsteinen.

2. Anschließend Erdbeeren und Kirschen vermengen und mit Zucker und Vanillinzucker bestreuen.

3. Die Eier trennen und das Eiweiß mit dem Salz und dem Vanilinzucker steif schlagen.

4. Zum Eischnee das Eigelb dazugeben, die Speisestärke und das Citroback darüber sieben und alles mit dem Schneebesen vorsichtig unterheben.

5. Butterschmalz in einer Pfanne erhitzen und die Omelette bei geringer Hitze backen, bis die Unterseite goldgelb ist. Die obere Seite sollte nur gestockt sein. Den Teig so einteilen, dass er vier Omeletten ergibt.

6. Die fertigen Omeletten anschließend mit der vorbereiteten Früchten füllen, mit Puderzucker bestäuben und einige Blätter Zitronenmelisse darüber zupfen.

■ *Für 4 Personen*
Zubereitungszeit: ca. 30 Minuten

Crêpe Suzette mit Erdbeerpüree

Zutaten

Für die Crêpes

- 3 Eier
- 1 Msp. Salz
- 2 TL Zucker
- 100 ml Milch
- 100 g Mehl
- 30 g Butter
- Butterschmalz (nach Bedarf)

Für das Püree

- 500 g frische Erdbeeren
- 4 EL Puderzucker

Zum Flambieren

- 30 g Zucker
- 20 g Butter
- 1 Zitrone
- 5 Apfelsinen
- 1 EL Erdbeermarmelade
- 2 EL Rum
- 4 EL Cointreau

1. Eier, Salz, Zucker, Milch und Mehl mit dem Schneebesen gründlich verrühren.

2. Die Butter schmelzen, dem Teig zufügen und gut verrühren. Die Butter darf nicht zu heiß werden.

3. Butterschmalz in einer Pfanne erhitzen und die Crêpes bei geringer Hitze goldgelb backen. Den Teig so einteilen, dass er 12 dünne Crêpes ergibt.

4. In der Zwischenzeit die Erdbeeren waschen, putzen, pürieren und mit dem Puderzucker abschmecken. Die Zitrone und die Apfelsinen auspressen.

5. Den Zucker in einer zweiten Pfanne karamellisieren lassen und mit der Butter glatt verrühren. Der Zucker darf nicht zu dunkel werden.

6. Zitronen- und Apfelsinensaft zusammen mit der Marmelade zur Karamellmasse geben und das Ganze etwa 3 Minuten einkochen.

7. Die fertigen Crêpes dünn mit dem vorbereiteten Erdbeerpüree bestreichen, zweimal falten und in die Pfanne zurücklegen.

8. Nun die Crêpes mit der Karamellmasse, dem Rum und dem Cointreau übergießen, flambieren und auf heißen Tellern servieren.

Für 4 Personen
Zubereitungszeit: ca. 45 Minuten

Erdbeer-Champagner-Suppe

1. Zuerst das Eigelb und das Eiweiß der beiden Eier trennen.

2. Das Mehl mit dem Eigelb, dem Salz und dem Wein glatt verrühren und etwa 30 Minuten ruhen lassen.

3. Inzwischen die Erdbeeren waschen und putzen. 12 der größten Beeren zum Ausbacken aussortieren, 5 bis 6 Beeren in Streifen schneiden, die restlichen Früchte mit einem Messer grob zerkleinern.

4. Die halbe Zitrone auspressen und den Saft zusammen mit den zerkleinerten Früchten und dem Puderzucker pürieren. Das Püree durch ein Sieb streichen, anschließend die Erdbeerstreifen darunter geben und in den Kühlschrank stellen.

5. Öl in einer Fritteuse oder in einem kleinen Topf auf 180 °C erhitzen.

6. Eiweiß steif aufschlagen und vorsichtig unter den Weinteig heben. Die ganzen Früchte im Mehl wenden, dann auf einer Gabel einzeln vorsichtig durch den Teig ziehen und im heißen Fett goldbraun ausbacken.

7. Die ausgebackenen Früchte abtropfen lassen; Zucker und Zimt mischen und die Erdbeeren darin wälzen.

8. Nun das vorbereitete Erdbeerpüree aus dem Kühlschrank nehmen, die Pfefferminze hineinschneiden und mit Champagner oder Sekt aufgießen.

9. Sie Suppe auf vier tiefe Teller verteilen, jeweils drei der ausgebackenen Erdbeeren dazugeben und servieren.

■ *Für 4 Personen*
Zubereitungszeit: ca. 1 Stunde
Ruhezeit: ca. 30 Minuten

Zutaten

Für den Ausbackteig

- 2 Eier
- 125 g Mehl, 1 Pr. Salz
- 1/8 lieblicher Weißwein
- 3–4 EL Öl
- 3 EL Zucker
- 1 Msp. Zimt

Für die Suppe

- 500 g Erdbeeren
- 1/2 Zitrone
- 2 EL Puderzucker
- 2 Zweige Pfefferminze
- 1/2 l trockener Champagner

■ ■ ■ Variationen

Wenn Sie mögen, können Sie zur Erdbeer-Champagner-Suppe auch eine Kugel Vanille- oder Zimteis servieren. Der Champagner kann natürlich auch ohne weiteres durch Sekt ersetzt werden.

Tipp
Grießknödel lassen sich am besten mithilfe eines Esslöffels formen. Den Löffel vorher kurz in kaltes Wasser tunken und dann damit die erforderliche Teigmenge abstechen.

Quarkknödel mit Erdbeeren

1. Die Butter schaumig rühren und abwechselnd den Quark, die Eier und das Mehl sorgfältig unterrühren.

2. Der Masse Citroback, Salz und Vanillinzucker hinzufügen und das Ganze gut verrühren. Anschließend den Teig für 4 Stunden kalt stellen.

3. In der Zwischenzeit die Erdbeeren waschen, putzen, pürieren und mit dem Puderzucker abschmecken.

4. Aus der Teigmasse kleine Knödel formen und in jeden Quarkknödel eine gefrorene Erdbeere einlegen; die Knödel über der Beere gut verschließen.

5. Reichlich Salzwasser zum Kochen bringen und die Knödel hineinlegen. Das Ganze zwei 2 Minuten kochen und dann etwa 6 Minuten bei geringer Hitzezufuhr ziehen lassen.

6. Die Knödel auf vier Teller verteilen, das Püree dazugeben und mit gezupften Melisseblättchen bestreuen.

■ *Für 4 Personen*
Zubereitungszeit: ca. 30 Minuten
Kühlzeit: ca. 4 Stunden

Zutaten

Für die Knödel
- 40 g Butter
- 450 g Quark
- 2 Eier
- 170 g Mehl
- 1 Citroback
- etwas Salz
- 2 Päckchen Vanillinzucker
- 250 g TK-Erdbeeren

Für das Püree
- 500 g frische Erdbeeren
- 4 EL Puderzucker
- einige Blättchen Zitronenmelisse

Zutaten
- 4 Kiwis
- 1 Limone
- 2 EL Zucker
- 500 g Erdbeeren
- 2 Vanilleschoten
- 150 g Crème double
- 2 EL Zucker

Gratinierte Erdbeeren mit Kiwipüree

1. Die Kiwis schälen, klein schneiden und pürieren. Anschließend die Limone auspressen und den Saft an das Püree geben; mit Zucker abschmecken.

2. Die Erbeeren waschen, putzen und gut abtrocknen lassen. (Eventuell mit Küchenpapier abtupfen.)

3. In der Zwischenzeit die Vanilleschoten vierteln und das Mark mit einem Messer herauskratzen.

4. Sind die Früchte trocken, halbieren und auf einem tiefen Teller kreisförmig anordnen (Schnittfläche nach unten) und mit dem Kiwipüree umgießen.

5. Die Crème double mit dem Vanillemark mischen, mit etwas Zucker abschmecken und über die Erdbeeren geben.

6. Das Ganze anschließend unter dem Grill oder im Backofen bei starker Oberhitze kurz überbacken, bis sich eine leicht Bräunung zeigt.

Für 4 Personen
Zubereitungszeit: ca. 25 Minuten

Tipp
Alle Früchte möglichst erst kurz vor dem Gratinieren vorbereiten.

Zutaten

- etwas weiche Butter
- 300 g gemischte Beeren (Erd-, Brom- und Himbeeren)
- 1 Zitrone (unbehandelt)
- 6 Eier
- 1 Päckchen Vanillinzucker
- 2 EL Zucker
- 2 EL gemahlene Mandeln
- 250 g Speisequark (20% Fett i. Tr.)
- etwas Puderzucker

Beerengratin

1. Den Backofen ca. 15 Minuten auf 225 °C vorheizen. Eine längliche Gratinform mit etwas Butter ausfetten.

2. Die Beeren waschen, putzen und gut abtropfen lassen.

3. Zitrone heiß abwaschen, die Schale abreiben und anschließend den Saft auspressen.

4. Eigelb und Eiweiß der 6 Eier trennen und zwei der gewonnenen Eiweiße zusammen mit dem Vanillinzucker steif aufschlagen.

5. Das gesamte Eigelb mit dem Zucker, den Mandeln, dem Quark, der Zitronenschale und dem Zitronensaft glatt verrühren und den Eischnee vorsichtig darunter heben.

6. Nun die Quarkmasse in die gefettete Form füllen, glatt verstreichen und die Früchte obenauf verteilen.

7. Die gefüllte Form in den Backofen geben (auf die mittlere Schiene) und bei 225 °C etwa 20 Minuten backen.

8. Das fertige Gratin mit Puderzucker bestreuen und in der Form servieren.

■ *Für 4 Personen*
Zubereitungszeit: ca. 30 Minuten
Backzeit: ca. 20 Minuten

Erdbeeren mit Pistaziensauce

Zutaten

- 500 g Erdbeeren
- 1 Orange (unbehandelt)
- 4 EL Ahornsirup
- 40 g Pistazienkerne (ungesalzen)
- 150 g Naturjoghurt
- 1 Pr. Ingwerpulver

1. Erdbeeren waschen, gut abtropfen lassen und vier schöne Beeren aussortieren. Die restlichen Früchte putzen und halbieren.

2. Die Orange heiß abwaschen, die Schale abreiben und dann den Saft auspressen. Beides anschließend mit 2 Esslöffel Ahornsirup verrühren und über die Erdbeeren träufeln. Das Ganze 1 Stunde im Kühlschrank ruhen lassen (marinieren).

3. 1 Esslöffel der Pistazienkerne für die Sauce abnehmen, den Rest in der Mandelmühle oder in der elektrischen Kaffeemühle fein zermahlen.

4. Den Joghurt mit den zermahlenen Pistazienkernen, dem restlichen Ahornsirup und dem Ingwerpulver kräftig aufschlagen.

5. Nun die Sauce auf vier tiefe Teller verteilen, die marinierten Erdbeeren aus dem Kühlschrank nehmen und kranzförmig (flache Seite nach unten) obenauf legen. Jeweils eine ganze Erdbeere mit Grün in die Mitte setzen, die restlichen Pistazienkerne klein hacken und darüber geben.

■ *Für 4 Personen*
Zubereitungszeit: ca: 30 Minuten
Ruhezeit: ca. 1 Stunde

Tipp

Wenn Sie dieses Dessert zum Kaffee oder am Abend anbieten, servieren Sie ein Glas Cream-Sherry dazu.

Variation

Das Ganze schmeckt auch mit einer milden Marzipansauce ganz ausgezeichnet. Sie benötigen dazu: 50 g Marzipanrohmasse, 2 EL Honig (flüssig) und 150 g Sahne. Die Marzipanrohmasse mit den Händen schön weich kneten und anschließend den Honig und die Sahne mit der Marzipanmasse glatt verrühren. Das Ganze zusammen mit den Erdbeeren ebenso anrichten wie nebenstehend bei der Pistaziensauce beschrieben.

Zutaten

Für die Mousse

- 4 Blatt weiße Gelatine
- 250 g Erdbeeren
- 2 EL Puderzucker
- 1/4 TL Vanille (gemahlen)
- 200 g Sahne

Für die Schälchen

- 100 g Marzipanrohmasse
- 1 Ei
- 50 g Puderzucker
- 3 EL Weizenmehl (Type 405)
- 50 g Zartbitter-Kuvertüre

Für den Salat

- 1 Orange
- 250 g Erdbeeren
- 2 EL gehackte Pistazienkene (ungesalzen)
- 2 EL Puderzucker

■ *Für 4 Personen*
Zubereitungszeit: ca. 1 Stunde
Kühlzeit: ca. 2 Stunden

Erdbeerschälchen

1. Die Gelatine in Wasser einweichen. Inzwischen die Erdbeeren waschen, putzen, klein schneiden und pürieren. Das Püree mit dem Puderzucker und der Vanille abschmecken.

2. Die nasse Gelatine in eine Tasse geben, im Wasserbad schmelzen lassen und dann sofort tropfenweise unter das Püree rühren.

3. Die Sahne steif schlagen, vorsichtig unter die Püreemasse heben und anschließend etwa 2 Stunden zugedeckt zum Gelieren kalt stellen.

4. Backofen auf 200 °C vorheizen. Auf die Rückseite eines Bogens Backpapier acht etwa 12 cm große Kreise aufzeichnen, dann das Papier auf ein Backblech legen.

5. Das Marzipan weich kneten und mit dem Ei, dem Puderzucker und dem Mehl verrühren. Die Masse ausrollen, in Kreisen auf das Backblech legen und 8 Minuten bei 200 °C backen.

6. Die fertig gebackenen Teigkreise sofort vom Blech nehmen. Jeden Kreis mittels eines Tuches über eine umgedrehte Tasse stülpen und auskühlen lassen.

7. Die Kuvertüre in einer Schüssel im Wasserbad schmelzen und damit die ausgekühlten Teigschälchen innen einpinseln. Abkühlen lassen.

8. Nun die Orangen schälen und die Filets herausschneiden. Die Erdbeeren waschen, gut abtropfen, putzen und halbieren. Anschließend die Früchte mit den Pistazienkernen und dem Puderzucker mischen.

9. Aus der erkalteten Mousse mit einem Eiskugelformer jeweils eine Kugel entnehmen und zusammen mit dem Obstsalat in einem Schälchen anrichten.

Erdbeerrosette auf Rhabarberschaum

1. Den Rhabarber waschen, schälen und in 1 cm große Stücke schneiden. Dann die Erdbeeren putzen, waschen und in Scheiben schneiden. Zitronen auspressen.

2. Nun Zucker, Zitronensaft und Weißwein zusammen aufkochen, die Rhabarberstücke dazugeben und zugedeckt weich dünsten.

3. Die Vanilleschote vierteln und das Mark mit einem Messer herauskratzen. Dann die Eier trennen und das Eigelb zusammen mit Puderzucker, Vanillemark, Zimt und Nelkenpulver schaumig schlagen, sodass eine dickflüssige Masse entsteht.

4. Den fertigen, abgekühlten Rhabarber gut abtropfen lassen und unter die Eigelbmasse heben, ebenso die geschlagene Sahne.

5. Den Rhabarberschaum auf den Tellern verteilen und die Erdbeerscheiben in Rosettenform darauf anordnen. Das Ganze mit einigen Blättern Minze garnieren und mit Puderzucker bestäuben.

■ *Für 6 Personen*
Zubereitungszeit: ca. 45 Minuten

Variationen

Sie können statt der Zitronen auch Limetten verwenden. Zur Erdbeerrosette auf Rhabarberschaum passt auch eine Kugel Vanilleeis ausgezeichnet.

Zutaten

- 375 g Rhabarber (am besten rötlicher Himbeerrhabarber)
- 600 g Erdbeeren
- 3 Zitronen
- 180 g Zucker
- 300 ml Weißwein
- 1 Vanilleschote
- 3 Eier
- 180 g Puderzucker
- 1 Pr. Zimt
- 1 Pr. Nelkenpulver
- 3 EL Sahne (geschlagen)
- etwas Minze
- etwas Puderzucker

Tipps

Die Teller, auf denen Sie servieren, sollten möglichst vorher etwa 30 Minuten im Tiefkühlfach gekühlt werden. Wegen seines hohen Säuregehalts sollte Rhabarber in Glasgefäßen gekocht werden, denn er könnte das Metall angreifen.

Erdbeeren am Spieß

Zutaten

Für die Spieße

- 1 kleiner Apfel
- 2 El Zitronensaft
- 150 g kleine Erdbeeren
- 125 g blaue Weintrauben
- 1 Kiwi

Für die Sauce

- 1 Orange (unbehandelt)
- 2 EL Butter
- 3 EL brauner Zucker

1. Den Apfel schälen, vierteln, entkernen und sofort im Zitronensaft wenden.

2. Dann die Erdbeeren waschen, gut abtropfen lassen und das Grün mit einem Messer vorsichtig entfernen.

3. Die Weintrauben waschen, trockentupfen und von den Stielen zupfen.

4. Nun die Kiwi schälen, in dicke Scheiben schneiden und halbieren.

5. Die vorbereiteten Früchte abwechselnd auf Holzspieße stecken und diese nebeneinander auf eine flache Servierplatte legen.

6. Die Orange heiß abwaschen, trocknen, die Schale fein abreiben und den Saft auspressen.

7. Orangenschale, Saft, Butter und Zucker zusammen in eine kleine Pfanne geben und unter Rühren erwärmen, bis Zucker und Butter geschmolzen sind.

8. Die fertige abgekühlte Sauce über die Früchtespieße geben und servieren.

■ *Für 4 Personen*
Zubereitungszeit: ca. 25 Minuten

Variation

Die Obstspieße eignen sich auch gut zum Flambieren. Sie benötigen dazu 2 EL Orangenlikör und 1 EL weißen Rum. Wenn Butter und Zucker in der Pfanne geschmolzen sind, Rum und Orangenlikör dazugeben. Die Sauce anschließend über die Spieße geben, servieren und am Tisch flambieren. Bieten Sie Ihren Gästen dazu Orangenlikör an.

Zutaten

- 400 g frische Erdbeeren
- 4 Orangen
- 2 El Zucker
- 1 EL Butter
- 1 EL Zitronensaft
- 4 EL Rum

Erdbeeren mit Orangenscheiben

1. Die Erdbeeren gründlich waschen und gut abtropfen lassen. Inzwischen 2 Orangen schälen und in Scheiben schneiden. Dann die Erdbeeren putzen und halbieren. Die anderen beiden Orangen auspressen (sollte etwa 100 ml Saft ergeben).

2. Nun den Zucker in einer Pfanne karamellisieren lassen, die Butter hinzufügen und alles glatt verrühren. Das Ganze mit dem Orangen- und Zitronensaft ablöschen. Den Zucker nicht zu dunkel werden lassen.

3. Jetzt die Erdbeeren dazugeben und kurz erwärmen. Anschließend mit dem Rum übergießen und flambieren.

4. In der Pfanne mit den Orangenscheiben garnieren und sofort servieren.

■ *Für 4 Personen*
Zubereitungszeit: ca. 20 Minuten

Tipp

Benutzen Sie zum Flambieren möglichst lange Streichhölzer, um Verbrennungen zu vermeiden.

Zutaten

- 3 Nektarinen
- 4 Kiwis
- 200 g blaue Trauben
- 200 g Erdbeeren
- 4 EL Kirschlikör
- 2 EL Puderzucker
- 25 g gehackte Haselnüsse
- 100 g Crème fraîche

Nektarinen-Erdbeer-Salat

Variation

Die Crème fraîche können Sie auch durch leicht aufgeschlagene Sahne ersetzen. Je nach Geschmack können Sie statt der Haselnüsse auch gehackte Walnüsse oder Mandeln über den Salat geben.

1. Nektarinen kurz in kochendes Wasser tauchen, kalt abschrecken und die Haut abziehen. Dann die Früchte halbieren, entsteinen und in dünne Spalten schneiden.

2. Die Kiwis schälen und in etwa 3 Millimeter dicke Scheiben schneiden.

3. Weintrauben waschen und gut abtropfen lassen; anschließend halbieren und entkernen.

4. Nun die Erdbeeren waschen, auf einer Lage Küchenpapier vorsichtig trockentupfen, putzen und halbieren oder vierteln.

5. Den Likör mit dem Puderzucker verrühren, bis der Zucker vollständig gelöst ist, die vorbereiteten Früchte dazugeben und mit dem Likör mischen.

6. Das Ganze nun zugedeckt etwa 30 Minuten im Kühlschrank durchziehen lassen.

7. Haselnüsse ohne Fettzugabe unter Rühren in der Pfanne goldbraun rösten.

8. Im Anschluss die Crème fraîche mit dem Handrührgerät schaumig schlagen.

9. Den gekühlten Salat auf vier Dessertteller verteilen, einen Klecks der Crème fraîche in die Mitte geben und mit den gerösteten Haselnüssen bestreuen.

Für 4 Personen
Zubereitungszeit: ca. 25 Minuten
Kühlzeit: ca. 30 Minuten

Rote Grütze

1. Gelatine in kalten Wasser zum Quellen einweichen.

2. Erdbeeren und Himbeeren waschen, putzen und klein schneiden. Orangen auspressen (sie sollten etwa 100 ml Saft ergeben).

3. Die Früchte mit dem Orangensaft und dem Honig einmal kurz aufkochen lassen.

4. Nun die Gelatine ausdrücken und in der Fruchtmischung unter Rühren bei geringer Hitzezufuhr auflösen.

5. Die Grütze für etwa 2 bis 3 Stunden in den Kühlschrank stellen und fest werden lassen.

6. Vor dem Servieren die saure Sahne und den Sanddornsaft verrühren und über die kalte Grütze geben. Das Ganze mit den Pinien- und Pistazienkernen bestreuen.

■ *Für 2 Personen*
Zubereitungszeit: ca. 30 Minuten
Kühlzeit: ca. 2–3 Stunden

Zutaten

Für die Grütze

- 4 Blatt rote Gelatine
- 200 g Erdbeeren
- 200 g Himbeeren
- 2 große Orangen
- 1 EL Honig
- 1 EL gehackte Pinienkerne
- 1 EL gehackte Pistazienkerne

Für die Sauce

- 100 g saure Sahne
- 2 EL Sanddornsaft

Tipp

Wenn Sie aus anderen Früchten eine Grütze kochen, verwenden Sie zur Geschmacksabrundung stets süße und saure Früchte in gleicher Menge.

Erdbeeren und Melonen auf Frischkäse

Zutaten

- 1 kleine Melone (ca. 350 g)
- 80 g Erdbeeren
- 1 Limone
- 90 g Doppelrahm-Frischkäse
- 2 EL Puderzucker
- 2 El Sahne (geschlagen)
- etwas Zitronenmelisse

1. Die Melone halbieren und mit einem Kugelausstecher Kugeln herausstechen. Wenn nötig, das überflüssige Fruchtfleisch in der Schale mit einem Messer etwas glätten.

2. Dann die Erdbeeren waschen, putzen und vierteln und die Limone auspressen.

3. Den Limonensaft mit dem Frischkäse und dem Puderzucker verrühren und vorsichtig die Sahne darunter heben. Die Masse anschließend in einen Spritzbeutel geben.

4. Die Käsecreme gleichmäßig in den Melonenschalen verteilen und die Melonenkugeln und die Erdbeeren darauf anrichten.

5. Zitronenmelisse waschen, zupfen und das Ganze damit garnieren.
(auf dem Foto Seite 47)

Für 2 Personen
Zubereitungszeit: ca. 20 Minuten

Erdbeer-Melonen-Salat

Zutaten

- 900 g Erdbeeren
- 1 Charentaismelone (ca. 500 g)
- 1 Netzmelone (ca. 500 g)
- 3 EL Orangensaft
- 2 EL Zitronensaft
- etwas Zucker
- 1 EL Streusüße

1. Die Erdbeeren gründlich waschen, putzen und halbieren.

2. Dann die Melonen halbieren und mit einem Kugelausstecher Kugeln herausstechen.

3. Orangen- und Zitronensaft mit etwas Zucker abschmecken.

4. Die Früchte vermengen und den vorbereiteten Saft darüber geben. Das Ganze etwa 10 Minuten durchziehen lassen und mit der Streusüße bestreuen.

Für 4 Personen
Zubereitungszeit: ca. 25 Minuten
Zeit zum Durchziehen: ca. 10 Minuten

Tipp

Die Charentaismelone gilt unter Feinschmeckern als die beste auf dem Markt. Sie hat dann die richtige Reife, wenn dem Blütenansatz ein starker aromatischer Duft entströmt.

Sommerpudding

Zutaten

- 400 g Weißbrot
- 1 kg gemischtes Beerenobst (Erdbeeren, Himbeeren, schwarze Johannisbeeren)
- 250 g Zucker
- 200 g süße Sahne

1. Weißbrot in sehr dünne Scheiben schneiden und die Krusten entfernen. Boden und Wände einer hohen Schüssel (etwa 1½ l) lückenlos mit dem Weißbrot auslegen. Brot zum Belegen der Oberfläche zurückbehalten.

2. Einige Früchte für die Garnitur aussortieren, dann das Obst waschen, putzen und zerkleinern und anschließend mit sehr wenig Wasser und dem Zucker bei geringer Hitzezufuhr kurz dünsten lassen. Die Früchte dürfen nicht weich werden.

4. Anschließend das warme Obst in die mit Brot ausgelegte Schüssel gießen und mit dem restlichen Brot abdecken. Nun Pergamentpapier über das Brot legen und das Ganze mit einem Holzbrettchen und Äpfeln beschweren. Den Pudding an einem kühlen Ort über Nacht ruhen lassen.

5. Am nächsten Tag den Pudding stürzen und mit den übrigen Früchten garnieren. Dazu flüssige Sahne reichen.

■ *Für 4 Personen*
Zubereitungszeit: ca. 35 Minuten
Ruhezeit: ca. 12 Stunden

Tipp

Beide Desserts sind etwas für heiße Abende! Servieren Sie dazu gut gekühlten Sekt oder Champagner.

Erdbeerkaltschale

Zutaten

- 1 kg Erdbeeren
- 5 EL Puderzucker
- 1 Päckchen Vanillinzucker
- 1/2 Zitrone (unbehandelt)
- Crème fraîche
- 2 EL Orangenlikör
- einige Blättchen Zitronenmelisse

1. Die Erdbeeren gründlich waschen, gut abtropfen lassen, putzen, halbieren und mit dem Puder- und Vanillinzucker mischen. Einige schöne Früchte zum Garnieren aussortieren.

2. Die Zitrone heiß abwaschen, die Schale abreiben und den Saft auspressen.

3. Nun die vorbereiteten Erdbeeren und den Zitronensaft pürieren und etwa 1 Stunde im Kühlschrank durchziehen lassen.

4. Inzwischen die Crème fraîche mit dem Orangenlikör abschmecken und ebenfalls kühl stellen.

5. Anschließend das Püree in vier Schälchen füllen; und obenauf geben. Das Ganze mit den übrigen Erdbeeren – ganz oder halbiert – und den Melisseblättchen garnieren.

■ *Für 4 Personen*
Zubereitungszeit: ca. 25 Minuten
Kühlzeit: ca. 1 Stunde

Zutaten

- 200 g Erdbeeren
- 200 g Weintrauben
- 3 Nektarinen
- 2 EL Zitronensaft

Für die Sauce

- 250 g frische Himbeeren
- 2 EL Wasser
- 2 EL Himbeersirup
- 1 Päckchen Vanillinzucker

Das Eis

- 1 kg Eiswürfel
- 1 kg Fürst-Pückler-Eis (im Block)

Früchte-Eis-Fondue

1. Erdbeeren und Weintrauben waschen, gut trocknen und putzen. Dann die Nektarinen dünn schälen, halbieren, vom Stein lösen und in Spalten schneiden; anschließend mit Zitrone beträufeln.

2. Die Himbeeren verlesen, waschen und pürieren. Das Püree dann mit Wasser, Himbeersirup und dem Vanillinzucker so lange verrühren, bis sich der Zucker aufgelöst hat. Anschließend kalt stellen.

3. Nun die Eiswürfel in eine große Schüssel geben. Das Speiseeis in 3 cm große Würfel schneiden und in eine etwas kleinere Schüssel geben. Diese Schüssel dann in die Eiswürfel stellen, damit das Eis nicht so schnell schmilzt.

4. Die Schüssel mit dem Eis, die Früchte und die Sauce auf den Tisch stellen. Speiseeiswürfel und Früchte getrennt oder gemeinsam auf Spieße oder Gabeln stecken und in die Himbeersauce tauchen.

■ *Für 4 Personen*
Zubereitungszeit: ca. 30 Minuten

Früchte-Schoko-Fondue

Zutaten

- 100 g Erdbeeren
- 1 Banane
- 1 Birne
- 2 Kiwis
- 1 EL Zitronensaft
- 2 Scheiben Ananas (aus der Dose)
- 1 Orange

Für die Sauce

- 1 Orange (unbehandelt)
- 200 g Sahne
- 200 g Vollmilchschokolade
- 200 g Zartbitterschokolade
- 1 Päckchen Vanillinzucker
- 4 EL Orangenlikör

1. Erdbeeren waschen, putzen und vierteln. Banane, Birne und Kiwis schälen, in kleine mundgerechte Stücke schneiden und mit Zitronensaft beträufeln; ebenso die Ananasscheiben. Eine Orange schälen und die Filets aus den Zwischenhäuten lösen.

2. Die zweite Orange heiß abwaschen, fein abreiben und den Saft auspressen.

3. Sahne in einem Topf erhitzen, die Schokolade hineinbröckeln und darin auflösen. Das Ganze mit der geriebenen Orangenschale, dem Orangensaft, dem Vanillinzucker und dem Orangenlikör aromatisieren.

4. Den Topf mit der Sauce auf das Rechaud stellen und die Früchte auf einer großen Schale anrichten. Die Fruchtstücke nun auf Spieße oder Gabeln stecken und in die Schokosauce tauchen.

■ *Für 4 Personen*
Zubereitungszeit: ca. 30 Minuten

Erdbeersorbet

Zutaten

- 250 g Erdbeeren
- 5 EL Erdbeersauce (Fertigprodukt)
- 50 g Puderzucker
- 1 Ei
- weiße Kuvertüre
- Halbbitterkuvertüre

1. Erdbeeren waschen, einige schöne Früchte aussortieren, den Rest putzen, vierteln und zusammen mit der Erdbeersauce und dem Puderzucker pürieren.

2. Das Ei trennen, das Eiweiß schlagen und vorsichtig unter das Püree heben. Die Masse in eine Metallschüssel geben und ins Gefrierfach stellen. Nach 30 Minuten herausholen und mit einem Schneebesen kräftig durchrühren. Den Vorgang so oft wiederholen bis das Sorbet die richtige Konsistenz hat. Das Eigelb wird nicht benötigt.

3. Nun die weiße und die dunkle Kuvertüre nach Herstelleranweisung erwärmen und die vorbereiteten ganzen Früchte zur Hälfte eintauchen und trocknen lassen.

4. Das Sorbet in gut gekühlte Gläser füllen, mit den überzogenen Erdbeeren garnieren und sofort servieren.

■ *Für 4 Personen*
Zubereitungszeit: ca. 1½ Stunden
Kühlzeit: ca. 45 Minuten

Gemischtes Beerensorbet

Zutaten

- 250 g gemischte TK-Beeren (Erdbeeren, Himbeeren, Brombeeren)
- 3–4 EL Puderzucker
- 2 EL Zitronensaft
- 1–2 EL Johannisbeerlikör oder Himbeergeist
- einige Erdbeeren
- einige Minzeblättchen

1. Beeren auftauen lassen, danach mit Puderzucker, Zitronensaft, Johannisbeerlikör oder Himbeergeist mithilfe der Küchenmaschine zu einem cremigen Sorbet verarbeiten.

2. Das gekühlte Sorbet mit einem Eisportionierer zu Kugeln formen, in hohe Dessertgläser geben und mit den Erdbeeren und einigen Minzeblättchen garnieren. Sofort servieren.
(auf dem Foto unten)

■ *Für 4 Personen*
Zubereitungszeit: ca. 10 Minuten

Rhabarberhalbgefrorenes mit Erdbeerpüree

Zutaten

Für das Halbgefrorene

- 300 g Rhabarber
- 1/8 l Weißwein
- 1 Limone
- 3 Eier
- 150 g Zucker
- 250 g Sahne

Für das Püree

- 300 g Erdbeeren
- 1 Limone
- 70 g Puderzucker

1. Den Rhabarber putzen, waschen, in 3 cm große Stücke schneiden und mit dem Weißwein etwa 6 Minuten kochen.

2. Die Limone auspressen, unter den Rhabarber geben und pürieren.

3. Die Eier trennen, das Eigelb mit dem Zucker im Wasserbad aufschlagen bis die Masse dicklich und schaumig wird. Anschließend rührend im kalten Wasserbad abkühlen und den Rhabarber unterziehen.

4. Nun die Sahne steif schlagen und vorsichtig unter die Rhabarber-Eigelb-Masse heben. Die fertige Creme in eine Kastenform geben und für 3 bis 4 Stunden ins Gefrierfach stellen.

5. Inzwischen die Erdbeeren waschen, putzen und vierteln, die Limone auspressen und alles zusammen mit dem Puderzucker pürieren.

6. Das erstarrte Halbgefrorene stürzen, in Scheiben schneiden und auf dem Erdbeerpüree sofort servieren.

- *Für 4 Personen*

Zubereitungszeit: ca. 40 Minuten
Kühlzeit: ca. 3–4 Stunden

Sie haben Geburtstag? Gute Freunde kommen zum Sonntagskaffee? Keine Lust mehr auf den ewig gleichen Familienkuchen? Auf den folgenden Seiten finden Sie einige der verführerischsten Backideen rund um die Erdbeere.

Süßes zum Nachmittag

Zutaten

Für den Biskuitboden

- 6 Eier
- 180 g Zucker
- 1 Päckchen Naturvanillezucker
- etwas Salz
- 80 g Stärkemehl
- 120 g Weizenmehl
- 1 TL Öl

Für den Belag

- 750 g Erdbeeren
- 4 EL Zucker
- 1 Päckchen Vanille-puddingpulver
- ½ ml Milch
- 2 Päckchen Tortenguss (weiß)

■ *Für 12 Stücke*
Zubereitungszeit: ca. 1 Stunde
Backzeit: ca. 30 Minuten
Kühlzeit: ca. 4 Stunden

Erdbeerkuchen

1. Die Eier trennen und das Eigelb mit zwei Drittel des Zuckers, dem Vanillezucker und 1 Prise Salz schaumig rühren.

2. Den restlichen Zucker in das Eiweiß rieseln lassen und dabei so lange schlagen, bis der Eischnee schnittfest ist.

3. Nun den Eischnee auf die Eigelbmasse häufen und das mit dem Stärkemehl vermischte Mehl darüber sieben. Das Ganze vorsichtig – ohne Rührgerät – miteinander vermengen.

4. Obstbodenform mit dem Öl auspinseln, den fertigen Teig hineingeben und im vorgeheizten Backofen auf mittlerer Schiene bei 140 °C 35 Minuten backen. Danach den Boden 10 Minuten ruhen lassen, aus der Form lösen und abkühlen lassen.

5. Inzwischen die Erdbeeren waschen, gut trocknen und putzen.

6. Aus der Hälfte des Zuckers, dem Puddingpulver und der Milch nach den Packungsangaben einen Vanillepudding zubereiten und anschließend auf den Tortenboden gießen.

7. Ist der Pudding kalt, die vorbereiteten Erdbeeren gleichmäßig darauf verteilen.

8. Aus dem Tortenguss und dem restlichen Zucker nach Packungsangaben einen Guss herstellen und diesen – von der Mitte aus – löffelweise über die Erdbeeren verteilen.

9. Den Kuchen für mindestens 4 Stunden in den Kühlschrank stellen.

Mandel-Erdbeer-Kuchen

Zutaten

Für den Mandelboden

- etwas Butter
- 4 Eier
- 150 g Zucker
- 200 g gemahlene Mandeln
- 1 Pr. Salz

Für den Belag

- 750 g Erdbeeren
- 1 Päckchen Tortenguss mit Zucker (rot)
- 2 EL Campari
- 150 g Sahne
- einige Pistazien

1. Obstbodenform mit Butter einfetten und kühl stellen.

2. Inzwischen die Eier trennen und das Eigelb mit dem Zucker schaumig rühren und die gemahlenen Mandeln hinzufügen.

3. Danach das Eiweiß mit dem Salz steif schlagen und vorsichtig unter die Mandelmasse heben.

4. Den Teig in die Form geben und im vorgeheizten Backofen auf mittlerer Schiene bei 180 °C 25 bis 30 Minuten backen.

5. Die Erdbeeren waschen, putzen und halbieren. Wenn der Boden ausgekühlt ist, die Früchte darauf verteilen.

6. Tortenguss nach der Packungsanleitung zubereiten und mit dem Campari kurz aufkochen. Anschließend leicht abgekühlt von der Mitte aus löffelweise über die Erdbeeren geben.

7. Den Kuchen für 4 Stunden in den Kühlschrank stellen, damit der Guss fest wird.

8. Sahne steif schlagen, in einen Spritzbeutel geben und den Kuchen damit dekorieren. Zum Schluss das Ganze mit Pistazien und Erdbeerstückchen dekorieren.

Für 12 Stücke
Zubereitungszeit: ca. 1 Stunde
Backzeit: ca. 30 Minuten
Kühlzeit: ca. 4 Stunden

Tipp

Wird der Teig in einer Springform gebacken, die Form nicht fetten, sondern mit Backpapier auslegen. Den Rand frei lassen, da die Biskuitmasse sonst nicht aufgeht.

Rhabarber-Erdbeer-Tortenherz

1. Butterschmalz, Zucker, Vanillinzucker, Salz und Bittermandelaroma zusammen schaumig rühren. Die Eier nacheinander zugeben und so lange weiter rühren, bis der Zucker vollständig gelöst ist.

2. Mehl, Back- und Puddingpulver vermischen und abwechselnd mit der Milch rührend unter die Masse geben.

3. Eine Herzbackform leicht fetten, mit den Semmelbröseln ausstreuen, den Teig hineingeben und das Ganze im vorgeheizten Herd auf mittlerer Schiene bei 175 °C etwa 50 Minuten backen. Den Boden ruhen lassen und nach 10 Minuten stürzen, dann abkühlen.

4. Inzwischen Rhabarber putzen, waschen und in kleine Stücke schneiden, dann die Erdbeeren waschen, putzen und zerkleinern; ein paar Früchte für die Verzierung aussortieren.

5. Gelatine in kaltem Wasser einweichen. Den Rhabarber mit dem Zucker in 100 ml Wasser etwa 5 bis 8 Minuten dünsten und dann pürieren. Die Gelatine ausdrücken, hinzufügen und das Ganze abkühlen lassen.

6. Die vorbereiteten Erdbeeren pürieren und der Rhabarbermasse hinzufügen. Sahne steif schlagen. Sobald die Rhabarber-Erdbeer-Creme zu gelieren beginnt 3/4 der Sahne unterheben.

7. Das Herz einmal waagerecht durchschneiden. 1/3 der Creme auf den unteren Boden geben, den oberen Teil auflegen. Mit der restlichen Creme das Herz rundherum bestreichen und dann 1 Stunde in den Kühlschrank stellen.

8. Die restliche Sahne in einen Spritzbeutel geben und das gekühlte Herz damit dekorieren, die aussortierten Erdbeeren und ein wenig Zitronenmelisse noch zusätzlich verwenden.

Zutaten

Für den Boden

- 125 g Butterschmalz (weich)
- 100 g Zucker
- 2 Päckchen Vanillinzucker
- 1 Prise Salz
- 5 Tropfen Bittermandelaroma
- 3 Eier
- 100 g Mehl
- 2 TL Backpulver
- 1 Päckchen Vanillepuddingpulver
- 4 EL Milch
- etwas Butter und Semmelbrösel

Für den Belag

- 250 g Rhabarber
- 400 g Erdbeeren
- 8 Blatt Gelatine (weiß)
- 100 g Zucker
- 100 ml Wasser
- 400 g Schlagsahne
- 2–3 Zweige Zitronenmelisse

■ *Für 8–10 Stücke*
Zubereitungszeit: ca. 1 Stunde
Backzeit: ca. 50 Minuten
Kühlzeit: ca. 1 Stunde

Quark-Erdbeer-Torte

Zutaten

Für den Mürbeteigboden

- 250 g Mehl
- 125 g Butter (gekühlt)
- 100 g Zucker
- 1 Ei
- 1 Pr. Salz
- etwas Fett

Für den Belag

- 1 Zitrone
- 3 Eier
- 3 EL Honig
- 500 g Magerquark
- 10 Blatt Gelatine (weiß)
- 400 g Erdbeeren
- 375 g Sahne
- 2 EL Zucker
- einige gehackte Pistazien

■ *Für 12 Stücke*
Zubereitungszeit: ca. 1 Stunde
Kühlzeit: ca. 2 Stunden
Backzeit: ca. 30 Minuten

1. Das Mehl, die Butter, Zucker, Ei und Salz zu einem geschmeidigen Mürbeteig verarbeiten. Den Teig anschließend in Alufolie 30 Minuten im Kühlschrank ruhen lassen.

2. Springform fetten, mit dem gekühlten Teig auslegen und einen etwa 4 cm hohen Rand andrücken. Anschließend den Teig im vorgeheizten Backofen auf mittlerer Schiene bei 180 °C etwa 30 Minuten backen. Den fertigen Boden abkühlen lassen.

3. Inzwischen die Zitrone auspessen, die restlichen Eier trennen und das Eigelb mit dem Honig schaumig schlagen, den Quark und den Zitronensaft dazugeben.

4. Die Gelatine kalt einweichen, anschließend auflösen und unter den vorbereiteten Quark ziehen. Die Masse etwa 15 Minuten kalt stellen.

5. Die Erdbeeren waschen, gut trocknen, putzen und vierteln. Das Eiweiß mit der Hälfte der Sahne steif schlagen, mit den Erdbeeren vermischen und unter die Quarkmasse heben. Die Torte nun für etwa 2 Stunden in den Kühlschrank stellen.

6. Die restliche Sahne steif schlagen und die fertige Torte damit dekorieren, dazu die gehackten Pistazien oder ganze Erdbeeren verwenden.

Limetten-Joghurt-Torte mit Erdbeeren

1. Die Kuvertüre bei geringer Hitzezufuhr erwärmen und in ein Tütchen geben. Ein Backblech mit Backpapier auslegen und mit der Kuvertüre Streifen auf das Backpapier ziehen. Das Blech kühl stellen.

2. Die Eier und den Zucker in einem Wasserbad schaumig schlagen, anschließend kalt rühren.

3. Die Zitrone heiß abwaschen und die Schale abreiben.

4. Über die kalte Eimasse das Mehl mit der Speisestärke sieben und vorsichtig unterheben, dazu die Butter und die Zitronenschale geben.

5. Nun die Biskuitmasse auf das Backblech mit den Kuvertürestreifen streichen und im vorgeheizten Backofen auf mittlerer Schiene bei 180 °C etwa 8 Minuten backen.

6. Mit einem Tortenring zwei Böden aus der Teigplatte ausstechen. Einen davon im Ring lassen und mit dem Erdbeergelee bestreichen.

7. Die Gelatine kalt einweichen, die Limette auspressen. Den Saft leicht erwärmen und die Gelatine darin auflösen. Anschließend Joghurt und Puderzucker verrühren und die aufgelöste Gelatine unterrühren.

8. Die Sahne steif schlagen, etwa $^2/_3$ unter die Joghurtmasse heben und dann vorsichtig auf dem Erdbeergelee verstreichen. Den zweiten Boden darüber legen und das Ganze für etwa eine 1 Stunde in den Kühlschrank stellen.

9. Die Erdbeeren putzen, waschen und die Torte mit der restlichen Sahne und den Erdbeeren garnieren.

Zutaten

Für den Biskuitboden

- 50 g dunkle Kuvertüre
- 3 Eier
- 50 g Zucker
- 1 Zitrone (unbehandelt)
- 4 EL Mehl
- 5 EL Speisestärke
- 3 EL Butter
- 60 g Erdbeergelee

Für den Belag

- 5 Blatt Gelatine (weiß)
- 1 Limette
- 300 g Joghurt
- 75 g Puderzucker
- 400 g Sahne
- 150 g Erdbeeren (13 große Früchte)

Für 12 Stücke
Zubereitungszeit: ca. 1 Stunde
Kühlzeit: ca. 1 Stunde

Tipp

Backen Sie den Biskuitteig auf keinen Fall zu lange, er wird sonst hart.

Erdbeer-Joghurt-Torte mit Eclairs

Zutaten

Für den Mürbeteigboden

- 200 g Mehl
- 100 g Butter oder Pflanzenmargarine (z. B. Sanella)
- 75 g Puderzucker
- 1 Ei
- 1 Pr. Salz

Für die Eclairs

- 50 g Butter oder Pflanzenmargarine (z. B. Sanella)
- 200 ml Wasser
- 1 TL Zucker
- 1 Pr. Salz
- 125 g Mehl
- ½ TL Backpulver
- 3 Eier

Für die Füllung

- 300 g Erdbeeren
- 200 g Sahnejoghurt
- 3 Blatt Gelatine
- 1 TL Zitronensaft
- 250 g Sahne
- 30 g Zucker
- 2 Päckchen Vanillinzucker
- etwas Puderzucker

■ *Für 12 Stücke*
Zubereitungszeit: ca. 1 Stunde
Backzeit: insgesamt ca. 45 Minuten
Kühlzeit: ca. 1 Stunde

1. Das Mehl, die Butter oder Margarine, Puderzucker, Ei und Salz zu einem geschmeidigen Mürbeteig verarbeiten. Den Teig anschließend in Alufolie wickeln und 30 Minuten im Kühlschrank ruhen lassen.

2. Eine Springform fetten, den gekühlten Teig auf ½ cm Stärke ausrollen, in Formgröße ausschneiden und den Boden der Backform mit der Teigplatte auslegen, mehrmals mit einer Gabel einstechen. Anschließend den Teig im vorgeheizten Backofen auf mittlerer Schiene bei 200 °C etwa 25 Minuten backen. Den fertigen Boden abkühlen lassen.

3. Inzwischen Butter oder Margarine, Wasser, Zucker und Salz zusammen aufkochen lassen, vom Herd nehmen und das gesiebte Mehl mit dem Backpulver dazugeben. Topf zurück auf den Herd stellen und bei mittlerer Hitze so lange rühren, bis sich am Topfboden ein weißlicher Belag bildet und die Masse sich zu einem glatten Kloß formt. Den Teig in eine Schüssel geben, etwas abkühlen lassen und nacheinander die Eier einrühren.

4. Backblech mit Backpapier belegen, den Eclairteig in einen Spritzbeutel geben und fingerlange Streifen auf das Papier spritzen. Anschließend im vorgeheizten Backofen auf mittlerer Schiene bei 225 °C etwa 20 Minuten backen. Die fertigen Eclairs auskühlen lassen.

5. Erdbeeren waschen, putzen und vierteln, einige Früchte für die Dekoration aussortieren. Die Erdbeerstückchen mit dem Sahnejoghurt mischen.

6. Gelatine in kaltem Wasser einweichen. Den Zitronensaft erwärmen, Gelatine ausdrücken, im Zirtronensaft auflösen und sofort unter die vorbereitete Joghurtmasse geben. Sahne mit dem Zucker und dem Vanillinzucker steif schlagen und unterziehen. Creme 1 Stunde in den Kühlschrank stellen.

7. Den abgekühlten Mürbeteigboden mit ²/₃ der Creme bestreichen. Die Eclairs längs aufschneiden und den unteren Teil mit der Creme füllen, das Oberteil wieder aufsetzen und strahlenförmig auf die Torte legen. In die Zwischenräume die aussortierten Erdbeeren legen und alles mit Puderzucker bestäuben.

Sahne-Erdbeer-Torte

Zutaten

Für den Biskuitboden

- 90 g Butter
- 7 Eier
- 130 g Zucker
- 1 Prise Salz
- 130 g Weizenmehl (Type 405)
- 40 g Speisestärke

Für den Belag

- 700 g Erdbeeren
- 500 g Sahne
- 3 EL Zucker
- 1 TL Vanillinzucker
- evtl. 1 Päckchen Sahnesteif
- 1 EL Kirschwasser

Für 16 Stücke
Zubereitungszeit: ca. 45 Minuten
Backzeit: ca. 35 Minuten
Kühlzeit: ca. 60 Minuten

Variationen

Statt Erdbeeren können Sie auch Heidel-, Brom-, Johannisbeeren oder eine Beerenmischung verwenden. Wenn Sie es nicht so kalorienreich möchten, ersetzen Sie die Sahne einfach durch Quark.

1. Zuerste die Butter bei leichter Hitze schmelzen.

2. 2 Eier trennen und das Eigelb zusammen mit den restlichen Eiern, Zucker und Salz im heißen Wasserbad so lange schlagen, bis eine Creme entsteht.

3. Die Schüssel aus dem Wasserbad nehmen und die Creme kalt schlagen. Dann das Mehl und die Speisestärke darunter heben; zuletzt die lauwarme Butter unter die Biskuitmasse ziehen.

4. Springform mit Backtrennpapier auslegen, die Biskuitmasse hineinfüllen und im vorgeheizten Backofen auf mittlerer Schiene bei 180 °C etwa 35 Minuten backen. Danach das Backpapier abziehen und den Boden abkühlen lassen.

5. Wärend der Boden im Ofen ist, die Erdbeeren waschen, gut trocknen, putzen und halbieren. 12 kleine Beeren für die Dekoration aussortieren. Dann die Sahne mit dem Zucker und dem Vanillinzucker steif schlagen; nach Belieben Sahnesteif dazugeben.

6. Ist der Biskuitboden abgekühlt, mit Kirschwasser beträufeln und die Hälfte der Sahne glatt darauf verstreichen.

7. Anschließend die zerkleinerten Erdbeeren gleichmäßig darauf verteilen und mit der restlichen Sahne bedecken.

8. Zum Schluss den Kuchen mit den restlichen Erdbeeren dekorieren und für etwa 60 Minuten kalt stellen.

Erdbeerroulade

Zutaten

Für den Biskuitteig

- ½ Zitrone (unbehandelt)
- 8 Eier
- 100 g Zucker
- 1 Pr. Salz
- 80 g Mehl
- 1 EL Speisestärke
- etwas Kristallzucker

Für die Füllung

- 3 Blatt Gelatine (rot)
- 400 ml Quittensaft
- 150 g frische Erdbeeren
- 400 g Sahne
- etwas Puderzucker

1. Die halbe Zitrone heiß abwaschen und die Schale abreiben. Die Eier trennen und das Eigelb mit 50 g Zucker, dem Salz und der Zitronenschale kräftig verrühren.

2. 4 Eiweiß mit dem restlichen Zucker steif schlagen, den Eischnee unter die Eigelbmasse geben, das Mehl mit der Speisestärke darüber sieben und vorsichtig unterheben.

3. Ein Backblech mit Backpapier belegen, den Teig darauf verstreichen und im vorgeheizten Backofen auf mittlerer Schiene bei 220 °C etwa 8 bis 12 Minuten backen. Danach das Backpapier abziehen und den Boden abkühlen lassen.

4. Den fertig gebackenen Boden auf ein feuchtes, mit etwas Kristallzucker bestreutes Tuch stürzen, das Backpapier abziehen und den Biskuitteig in das Tuch einrollen. Die Rolle auskühlen lassen.

5. Gelatine in kaltem Wasser einweichen. Den Quittensaft auf etwa 100 ml einkochen lassen. Die Gelatine ausdrücken und in den kochenden Saft einrühren und abkühlen lassen.

6. Die Erdbeeren putzen, waschen und in Stücke schneiden.

7. Die Sahne steif schlagen und, kurz bevor der Quittensaft zu gelieren beginnt, unterziehen.

8. Den ausgekühlten Teig vorsichtig ausrollen mit der Quittensaftsahne bestreichen und die Erdbeeren gleichmäßig darauf verteilen. Dann den Biskuitteig mithilfe des Tuches wieder einrollen und im Kühlschrank etwa 30 Minuten fest werden lassen. Abschließend mit Puderzucker bestreuen.

■ *Für 1 Roulade*
Zubereitungszeit: ca. 1 Stunde
Kühlzeit: ca: 30 Minuten

Zutaten

Für den Blätterteig

- 450 g TK-Blätterteig
- 1 Ei
- 1 EL Milch
- 40 g Hagelzucker
- 40 g gehackte Pistazien

Für den Belag

- 750 g Erdbeeren
- 60 g Puderzucker
- 1 Päckchen Gelatine (weiß)
- 200 g Sahne

Erdbeerschnitten

1. Den aufgetauten Blätterteig in Rechtecke von etwa 6 cm Breite schneiden. Zwei Bleche mit Wasser anfeuchten und die Teigstücke darauf legen.

2. Das Ei trennen, mit der Milch mischen und damit die Teigstücke bestreichen. Dann mit dem Hagelzucker und den Pistazien bestreuen und im vorgeheizten Backofen auf mittlerer Schiene bei 200 °C etwa 20 Minuten backen. Danach die Stücke sofort vom Blech lösen und auskühlen lassen.

3. Inzwischen die Erdbeeren putzen und waschen. Etwa die Hälfte halbieren, den Rest mit dem Puderzucker pürieren.

4. Die Gelatine in kaltem Wasser einweichen und nach etwa 10 Minuten erwärmen, auflösen und unter das Erdbeerpüree geben.

5. Anschließend die Sahne steif schlagen, unter die Masse geben und in den Kühlschrank stellen, bis die Creme fest zu werden beginnt.

6. Die halbierten Erdbeeren auf die Hälfte der Teigstücke verteilen und die Erdbeer-Sahne-Masse mit einem Spritzbeutel darüber geben. Das Ganze mit den restlichen Teigstücken abdecken und kurz kalt stellen. Am selben Tag servieren.

■ *Für 8 Stück*
Zubereitungszeit: ca. 1 Stunde
Backzeit: ca. 20 Minuten
Kühlzeit: ca. 1 Stunde

Variation

Ein ganz besonderes Aroma bekommt die Erdbeersahne durch Erdbeerlikör. Geben Sie etwa 3 EL dazu, wenn die Erdbeeren püriert werden. Natürlich kann dann zum Kaffee auch ein Gläschen des süßen Tropfens serviert werden. Falls Ihre Gäste Schwierigkeiten haben, die Erdbeerschnitten im Ganzen zu essen, gestatten Sie ihnen ruhig, das Deckstück abzunehmen.

■ ■ ■ **Tipp**

Achtung! Während des Backvorgangs niemals die Ofentür öffnen, sonst fallen die Windbeutel zusammen.

Zutaten

Für die Windbeutel

- 250 ml Wasser
- 1 Pr. Salz
- 50 g Butter
- 150 g Mehl
- 1 Msp. Backpulver
- 4 Eier

Für die Füllung

- 1 kleine Mango
- 200 g Erdbeeren
- 1 TL Zucker
- 1 EL Orangenlikör
- 200 g Sahne
- etwas Puderzucker

■ *Für 12 Stück*
Zubereitungszeit: ca. 1 Stunde
Backzeit: ca. 30 Minuten

Mango-Erdbeer-Windbeutel

1. Wasser, Salz und Butter zusammen aufkochen lassen, vom Herd nehmen und das gesiebte Mehl mit dem Backpulver dazugeben. Topf zurück auf den Herd stellen und bei mittlerer Hitze so lange rühren, bis sich am Topfboden ein weißlicher Belag bildet und die Masse sich zu einem glatten Kloß formt. Den Teig in eine Schüssel geben, etwas abkühlen lassen und nacheinander die Eier einrühren.

2. Backblech fetten und mit Mehl bestäuben, Mit 2 Esslöffeln vom Teig 12 Häufchen abnehmen und auf das Papier setzen. Anschließend im vorgeheizten Backofen auf mittlerer Schiene bei 200 °C etwa 30 Minuten backen.

3. Inzwischen die Mango schälen, das Fruchtfleisch vom Kern schneiden und würfeln. Nun die Erdbeeren waschen, putzen und vierteln oder achteln. Anschließend die Früchte mit dem Zucker und dem Orangenlikör vermengen.

4. Die Sahne sehr steif schlagen.

5. Wenn die Windbeutel fertig sind, sofort das obere Drittel abschneiden, kurz abkühlen lassen und dann alle Teile mit der Sahne und den Früchten füllen. Zum Schluss die Deckel wieder aufsetzen und alles mit Puderzucker bestäuben.

Torteletts mit Erdbeeren

Zutaten

- 3 Blatt Gelatine (weiß)
- 1 Zitrone
- 2 Eier
- 50 g Zucker
- 150 g Sahne
- 10 fertige Mürbeteigtorteletts
- 400 g Erdbeeren

1. Die Gelatine in kaltem Wasser einweichen. Die Zitrone heiß abwaschen, die Schale abreiben und den Saft auspressen.

2. Eier trennen, das Eigelb mit dem Zitronensaft, der Schale und dem Zucker im Wasserbad cremig aufschlagen. Die Gelatine ausdrücken und in der Masse auflösen.

3. Das Ganze im kalten Wasserbad rühren, bis die Creme halbfest ist. Dann die Sahne steif schlagen und unter die Creme heben.

4. Die fertigen Torteletts bereitstellen, die Creme einfüllen und anschließend 20 Minuten in den Kühlschrank stellen.

5. Inzwischen die Erdbeeren putzen, waschen und halbieren. Zum Schluss auf den fertigen Torteletts dekorativ anordnen.

■ *Für 10 Stück*
Zubereitungszeit: ca. 1 Stunde
Kühlzeit: ca. 20 Minuten

Ob nun zwischendurch oder zum Abend, wenn Gäste kommen, aus Erdbeeren lässt sich auch zum Trinken eine Menge Leckeres zaubern. Auf den nächsten Seiten finden Sie einige interessante Vorschläge mit und ohne Alkohol.

Beerenstarke Getränke

Erdbeersoda

Zutaten

- 1 Kugel Erdbeereis
- 2 cl Zitronensaft
- 2 cl Erdbeersirup
- 3 Eiswürfel
- Sodawasser zum Auffüllen

1. Eis, Zitronensaft und Sirup zusammen in einem Shaker mit den Eiswürfeln kräftig schütteln und in einen Tumbler seihen.

2. Das Ganze mit frischem Soda auffüllen und kurz umrühren.
(auf dem Foto: rechts)

Für 1 Glas
Zubereitungszeit: ca 5 Minuten

Variation
Der Drink schmeckt auch sehr gut, wenn Sie statt des Zitronensaftes frisch gepressten Orangensaft verwenden.

Eissoda

Zutaten

- 1 Kugel Vanilleeis
- 1 Kugel Ananaseis
- 2 cl Erdbeersaft
- Sodawasser zum Auffüllen
- etwas geschlagene Sahne
- 2 Erdbeeren

1. Eis und Erdbeersaft in einen Tumbler geben, mit Soda auffüllen und umrühren.

2. Eine Sahnehaube darauf setzen und sie mit den Erdbeeren dekorieren. Mit einem Löffel servieren.
(auf dem Foto: links)

Für 1 Glas
Zubereitungszeit: ca. 5 Minuten

Limonen-Erdbeer-Shake

1. Die Erdbeeren putzen, waschen und pürieren. Die halbe Limone auspressen.

2. Das Erdbeermus durch ein Sieb streichen, um die Kerne zu entfernen.

3. Anschließend das Mus mit Wasser und ICE-TEA-Pulver verrühren und mit Limonensaft und Vanillinzucker abschmecken.

4. Den Zitronen-Erdbeer-Shake in ein Glas füllen, mit einer Limonenscheibe und einer Erdbeere sowie einigen Minzeblättchen garnieren und sofort servieren.

■ *Für 1 Glas*
Zubereitungszeit: ca. 5 Minuten

Variation

Wenn Sie diesen Limonen-Erdbeer-Shake variieren möchten, ersetzen Sie den Limonensaft durch Orangen- oder Johannisbeersaft.

Zutaten

- 100 g Erdbeeren
- ½ Limone
- 100 ml eiskaltes Wasser
- 1½ TL Lipton ICE-TEA-Instantpulver Lemon
- ½ TL Vanillinzucker
- 1 Limonenscheibe
- 1 Erdbeere
- etwas Minze

Erdbeershake mit Schuss

Zutaten

- 50 g frische Erdbeeren
- 1 cl Kirschwasser
- ½ TL Zucker
- 1–2 Kugeln Erdbeereis
- 100 g gerührter Magermilchjoghurt

1. Die Erdbeeren waschen, trockentupfen und bis auf ein paar schöne Stücke für die Dekoration mit einer Gabel fein zerdrücken. Unter das Erdbeermus Kirschwasser und Zucker mischen.

2. Das Erdbeereis in einem vorgekühlten Rührgefäß cremig rühren, dann das Erdbeermus und den Joghurt darunter rühren.

3. Den Drink in ein hohes Glas füllen, dekorieren und mit einem dicken Trinkhalmen servieren.
(auf dem Foto: hinten)

■ *Für 1 Glas*
Zubereitungszeit: ca. 10 Minuten

Strawberrymix

Zutaten

- 100 g Erdbeeren
- 2 cl Strawberry Cream (Erdbeerlikör)
- 2 EL Sahne
- 2 EL Erdbeersirup
- 125 ml kalte Milch
- Zitronenmelisse

1. Die Erdbeeren putzen, waschen und zerkleinern. Eine große Erdbeere für die Garnierung beiseite legen. Dann die Früchte im Mixer auf höchster Stufe pürieren.

2. Die Strawberry Cream zusammen mit der Sahne, dem Erdbeersirup und der Milch zum Erdbeerpüree geben und alles nochmals gut durchmixen.

3. Den Drink in ein hohes Glas füllen und mit einer Erdbeerhälfte und der Zitronenmelisse dekorieren.
(auf dem Foto: vorn)

■ *Für 1 Glas*
Zubereitungszeit: ca. 10 Minuten

■ ■ ■ Variation

Beide Getränke schmecken ganz besonders gut, wenn Sie sie mit frischen Walderdbeeren zubereiten können. Das einzigartige Aroma wird Sie überraschen.

Pfirsich-Erdbeer-Buttermilch-Shake

Zutaten

- 1 kleiner Pfirsich
- 2 Erdbeeren
- 75 ml Buttermilch
- 75 ml weißer Traubensaft
- Mineralwasser
- 1 Erdbeere mit Grün
- 1 Erdbeerblättchen

1. Den Pfirsich waschen, halbieren und den Kern entfernen. Den Pfirsich schälen und das Fruchtfleisch in große Würfel schneiden. Die Erdbeeren waschen, gut trocknen und die Stielansätze entfernen.

2. Den Pfirsich und die Erdbeeren mit der Buttermilch und dem Traubensaft pürieren.

3. Den Drink in ein Glas füllen und nach Belieben mit Mineralwasser verdünnen. Eine Erdbeere und ein Blättchen auf oder an den Glasrand setzen.

Tipp

In vorgekühlten Gläsern bleiben diese spritzig-fruchtigen Getränke für heiße Tage besonders lange kühl und erfrischend.

- *Für 1 Glas*

Zubereitungszeit: ca. 10 Minuten

Erdbeer-Orangen-Shake

Zutaten

- 50 ml Orangensaft
- 1 EL Erdbeersirup
- ½ Orange (unbehandelt)
- 125 g Buttermilch
- 1 Orangenscheibe
- ½ Erdbeere

1. Die halbe Orange heiß abwaschen und abreiben. Den Orangensaft, den Erdbeersirup und die Orangenschale in ein hohes Rührgefäß geben und alles gut verquirlen.

2. Nun die Buttermilch dazugießen und das Ganze kräftig verrühren.

3. Dann den Drink in ein Kelchglas füllen und die Orangenscheibe und die halbe Erdbeere auf den Rand stecken.
(auf dem Foto links)

- *Für 1 Glas*

Zubereitungszeit: ca. 10 Minuten

Fruchtsangria

Zutaten

- 4 Orangen (unbehandelt)
- 3 Zitronen (unbehandelt)
- 3 Pfirsiche
- 2 Nektarinen
- 250 g Erdbeeren
- ½ l Orangensaft
- 1½ l Traubensaft

1. Orangen und 2 Zitronen waschen, in dünne Scheiben schneiden und halbieren; die Orangenscheiben vierteln. 1 Zitrone auspressen.

2. Die Pfirsiche und die Nektarinen waschen, trocknen, halbieren, entkernen und ebenfalls in dünne Scheiben schneiden.

3. Die Erdbeeren putzen, waschen und je nach Größe halbieren oder vierteln.

4. Alle Früchte mit dem Zitronen- und dem Orangensaft vermengen und etwa 1 Stunde im Kühlschrank ziehen lassen.

5. Vor dem Servieren mit dem Traubensaft aufgießen und kurz umrühren.
(auf dem Foto rechts)

■ *Für ca. 14 Gläser*
Zubereitungszeit: ca. 20 Minuten
Zeit zum Ziehen: ca. 1 Stunde

Erdbeerpunsch

Zutaten

- 500 g frische Erdbeeren
- 125 ml Wasser
- 1 Zitrone
- 250 g Zucker
- 250 ml weißer Rum
- 1 l Wasser

1. Die Erdbeeren waschen und putzen und in 125 ml Wasser etwa 10 Minuten köcheln lassen.

2. Die Zitrone auspressen. Dem Zitronensaft Zucker und Rum zugeben und das Kompott zugedeckt 2 bis 3 Stunden durchziehen lassen.

3. Anschließend 1 l Wasser hinzufügen und alles unter Rühren kurz aufkochen lassen.

4. Das Ganze durch ein Sieb passieren und den heißen Punsch sofort servieren.

■ *Für ca. 10 Gläser*
Zubereitungszeit: ca. 25 Minuten
Zeit zum Ziehen: ca. 2–3 Stunden

Fruchtpunsch

Zutaten

- 3 cl Erdbeersirup
- 6 cl Mangosaft
- 4 cl Maracujasaft
- 3 cl Limettensaft
- 4 cl Ananassaft
- einige Eiswürfel
- Crushed ice
- 1 Scheibe Karambole (Sternfrucht)
- 1 Cocktailkirsche
- 1 Minzezweig
- 1 Trinkhalm
- 1 Stirer (Rührstäbchen)

1. Den Erdbeersirup und die verschiedenen Säfte mit einigen Eiswürfeln in einen Shaker geben.

2. Das Ganze kräftig schütteln und durch ein Barsieb in ein Ballonglas mit Crushed ice (zerstoßenes Eis) seihen.

3. Mit einem Sticker Obst und Minzezweig an den Glasrand stecken. Den Cocktail mit einem Trinkhalm und Stirer servieren.

- *Für 1 Glas*

Zubereitungszeit: ca. 5 Minuten

Roter Champagner

1. Die Erdbeeren putzen, waschen, trocknen und zusammen mit dem Puderzucker pürieren.

2. Das Püree (2 TL) in ein Sektglas geben und mit dem Champagner (oder Sekt) auffüllen. (auf dem Foto Seite 77)

■ *Für 1 Glas*
Zubereitungszeit: 7 Minuten

Zutaten

- 100 g frische Erdbeeren
- 1/2 EL Puderzucker
- Champagner (oder Sekt)

Tipp

Für einen interessanten Geschmack sorgen Eiswürfel aus einem Zitronen- oder Orangen-Wasser-Gemisch.

Honeymoon

Zutaten

- 5 cl Bourbon Whiskey
- 8 cl Orangensaft
- 2 cl Zitronensaft
- 3 cl Erdbeersirup
- einige Eiswürfel
- 1/2 Orangenscheibe
- 1 Erdbeere
- eventuell 1 Hibiskusblüte

1. Den Whiskey mit Orangensaft, Zitronensaft, Erdbeersirup und den Eiswürfeln in einen Shaker geben. Das Ganze kräftig schütteln.

2. Zusammen mit den Eiswürfeln in ein Longdrinkglas abgießen.

3. Die halbe Orangenscheibe, die Erdbeere und nach Belieben die Hibiskusblüte an den Glasrand stecken. Mit Trinkhalm servieren.

■ *Für 1 Glas*
Zubereitungszeit: ca. 4 Minuten

Erdbeerdaiquiri

Zutaten

- 4 cl weißer Rum
- 2 cl Erdbeersirup
- 3 cl Zitronensaft
- 1 cl Zuckersirup
- einige Eiswürfel
- 1 Erdbeere

1. Alle Zutaten bis auf die Erdbeere in einen Shaker geben und das Ganze kräftig durchschütteln.

2. Anschließend durch ein Barsieb in ein Cocktailglas seihen.

3. Zur Dekoration die Erdbeere an den Glasrand stecken.

■ *Für 1 Glas*
Zubereitungszeit: ca. 4 Minuten

Erdbeer-Kiwi-Bowle

Zutaten

- 125 g Erdbeeren
- 3 Kiwis
- 1 Flasche Weißwein (trocken)
- 2 cl Kiwilikör oder -sirup
- 2 cl weißer Rum
- 1½ EL Zucker
- Saft von ½ Zitrone
- 250 ml trockener Rotwein
- 1 Flasche trockener Sekt

1. Die Erdbeeren waschen, putzen und halbieren oder vierteln. Die Kiwis schälen, in Scheiben schneiden und diese vierteln.

2. Das Obst in ein Gefäß geben, mit der Hälfte des Weißweins, dem Likör, dem Rum, dem Zucker und dem Zitronensaft mischen und abgedeckt für etwa 1 Stunde kalt stellen.

3. Vor dem Servieren den restlichen Weißwein und den Rotwein dazugießen und alles gut verrühren.

4. Zum Servieren die Gläser zur Hälfte mit der Bowle füllen und den Sekt dazugeben.

Für ca. 8 Gläser
Zubereitungszeit: ca. 10 Minuten
Kühlzeit: ca. 1 Stunde

Variation

Diese Bowlen können auch mit alkoholfreiem Wein und Sekt angesetzt werden. Zum Nachsüßen verwenden Sie am besten Erdbeer- oder Pfirsichsirup.

Pfirsich-Erdbeer-Bowle

Zutaten

- 250 g Erdbeeren
- 750 g Pfirsiche
- 2 cl Zitronensaft
- 2 Flaschen Weißwein
- 1 Flasche Sekt

1. Die Erdbeeren waschen, putzen und halbieren oder vierteln. Nun die Pfirsiche ebenfalls waschen, trockentupfen, anschließend entkernen und in feine Scheiben schneiden.

2. Die Früchte mit dem Zitronensaft beträufeln, danach in ein großes Glasgefäß geben und mit einer Flasche Wein übergießen. Zugedeckt mindestens 2 Stunden kalt stellen.

3. Zum Schluss mit dem restlichen Wein und dem Sekt auffüllen.

Für ca. 14 Gläser
Zubereitungszeit: ca. 20 Minuten
Kühlzeit: ca. 2 Stunden

Erdbeerbowle

Zutaten

- 500 g Erdbeeren
- 2 Flaschen Weißwein
- 1 Zitrone (unbehandelt)
- 1 Flasche Sekt

1. Die Erdbeeren waschen und putzen, dann je nach Größe halbieren oder vierteln.

2. Eine Flasche Wein in ein großes Glasgefäß gießen und die Erdbeeren dazugeben

3. Die Zitrone heiß abwaschen, die Schale abreiben und ebenfalls dazugeben.

4. Das Ganze ca. 2 Stunden ziehen lassen.

5. Vor dem Servieren mit dem restlichen Wein und dem Sekt aufgießen.
(auf dem Foto rechts)

Für ca. 14 Gläser
Zubereitungszeit: ca. 15 Minuten
Zeit zum Ziehen: ca. 2 Stunden

Rezeptverzeichnis